Memoirs of Navy
during Suppression of
the Communist Rebellion

一

# 海軍戡亂回憶錄

## 抗戰勝利後至 1948 年

Section I: From V-J Day to 1948

# 目錄

# 編輯說明

「一年準備，二年反攻，三年掃蕩，五年成功。」

國共戰爭期間，國軍為什麼在 1949 年遭逢空前未有的挫敗，是許多人日以繼夜嘗試解答的問題，包括國軍高層自己。隨著中華民國政府遷設臺灣，國軍高層生聚教訓，等待反攻大陸的時機，眾人亦不免回眸過去的慘痛經歷。

我們從《蔣中正日記》當中，便可看到 1950 年代反攻計畫的擬訂與推動，除了在軍備上須做充足準備，亦須反省戡亂作戰期間的諸般作為。

因此，在 1957 年，政府當局曾組織較大規模的檢討工作，由全軍上下針對戡亂時期的作戰經過，撰寫個人心得報告，內容包括當時戰役的準備情形、發生經過、國軍與共軍的優缺點等，作為反攻計畫的參考。

這些心得報告，自高階將領至基層士官兵皆有，因為每個人所處的位置，所能觀察到的面向，與戰後的檢討，各有不同的價值。

本套書《海軍戡亂回憶錄》，以戰役或事件分類，呈現抗戰勝利後，赴美接收八艦於 1946 年歸國加入作戰以來，至 1954 年大陳列島特種任務艦隊的海戰，九年之間海軍軍官的戡亂作戰回憶。

惟 1957 年距離作戰已過多年，人物、時間、地點、戰鬥過程等回憶難免有誤，同一場戰役的觀察結果也可能與他人不同，建議讀者仍可參酌其他史料、回憶錄，以取得對戰役的全盤瞭解。

# （一）概説

## ● 宋鍔

**作戰時級職：海軍總司令部少將作戰署署長**
**撰寫時級職：總統府戰略顧問委員會中將戰略顧問**

作戰地區：沿海沿江

作戰起迄日期：36 年 8 月至 38 年 9 月

### 蘇魯冀海岸關閉及撤運來台時期之作戰

（一）概述

　　我國海軍在七七抗戰前，雖保有海防、江防及練習、巡防各類艦艇六十餘艘，但因艦式多屬陳舊，且噸位不高，故所能發揮之作戰實力，與當時日海軍相較，懸殊甚遠。

　　是時所有艦艇，經編組為海防艦隊兩個、江防艦隊一個、練習艦隊一個、巡防艇隊一個，共計總噸位僅五萬六千餘噸，其編制及番號如左：

（1）第一艦隊（海防）－轄巡洋艦四艘、驅逐艦一艘、砲艦七艘、運輸艦三艘、魚雷艇六艘。

（2）第二艦隊（江防）－轄砲艦十二艘、魚雷艇六艘。

（3）第三艦隊（海防）－轄巡洋艦三艘、驅逐艦一艘、砲艦十艘、運輸艦一艘。

（4）練習艦隊－轄練習艦二艘。

（5）巡防艇隊－轄砲艇十四艘。

　　經八年長期抗戰後，我多數艦隻均於對日抗戰中慘烈犧牲。嗣因我最高統帥蔣公顧念吾國海防必須重建，乃援用租借法案，毅然與同盟國（美、英兩國）進行贈艦接艦交涉，俟時期將屆成熟，遂於民國三十二年冬先由國內海軍青年軍官中，考選優秀軍官

七十五員，分送美、英兩國（計美國五十員、英國二十五員），肄習航海、輪機、造船等專科，以為將來重建海軍之骨幹。

翌年下半年，美國贈艦案先告成立，遂於是年冬由國內海軍官兵中考選官員六十員、士兵一千人（內含大專知識青年從軍者約四百餘人），送赴美國受接艦訓練，並於美國南部佛羅里達州邁阿米（Miami）市，成立中國駐美海軍訓練處，並派駐美大使館海軍上校副武官宋鍔充任處長，兼駐美海軍官兵總隊長，督率訓練。

三十四年下半年英國贈艦法案亦相繼成立，復於是年冬挑選官兵一千三百餘人，分批送赴英國受訓，並於翌年春於倫敦設立駐英海軍訓練處，適是時宋鍔已調任駐英海軍正武官，遂又令該員兼任訓練處長，監督訓練事宜。

迄三十五年春，美贈八艦已結隊返國，繼之日賠償艦三十二艘亦分批駛抵青島、上海等港口，而英贈艦復先後訓滿返國，故當三十五年十月海軍總部在南京成立時，我戰後重建之新海軍，已擁有各式新型艦艇共達四十餘艘。

其時原保有之江防及巡防殘餘艦隻，復經先後修理，編隊服役，故當時對沿海沿江剿匪作戰，及協同陸上友軍合力剿匪，常使奸匪遭受重大損失。

（二）作戰前之狀況

當國軍發動對日抗戰之初，奸匪投機取巧，陽以協助國軍抗戰為名，暗中則從事擴張其勢力，一面受俄匪指使，甘心認賊作父，一面與日寇勾聯，為虎作倀，隨時隨地伺機打擊國軍，蓄意削弱其實力，以增高其盈消之比數。迄抗戰勝利之初期，其人數與實力已逐漸加強，遠非七七時期可比。

　　惟匪在海上之武力，因素無根基，不易培養，故當三十五年
冬海總部成立之初，其在沿海一帶暗中活動者，仍不過少數舊式
帆船及機帆船而已。

（三）我軍作戰指導

　　自海軍總部在南京成立，宋鍔因在海防各艦隊服務時間較長
（連續服海上勤務達十三年），海上經驗較為豐富，且派赴美、
英兩國接艦受訓官兵，均由其督率訓練，對各新式艦種之作戰性
能，及海軍新型戰略戰述，亦知之較詳，遂被挑選充任海總部作
戰署長。當時海軍所屬各艦艇，已奉准編成兩個艦隊，計：

（1）第一艦隊（海防）－轄美贈艦太平等八艘、日賠艦長治等二
　　　艘。以上海、青島為主基地，以煙台、大沽為補給基地。

（2）第二艦隊（江防）－轄修復之日賠艦八艘、英贈巡防艇八
　　　艘、舊式砲艦二十餘艘，以上海、南京、漢口為主基地，
　　　以長江各埠為補給基地。

　　嗣於翌年初，成立上海、青島、台灣、廣州等四個基地司令
部，並設置大沽、煙台、舟山、廈門、榆林、南京、九江、漢
口、基隆等巡防處，於是海防、江防防禦，漸具初步規模。

　　關於當時作戰指導，以打擊奸匪海上運輸為主，並於沿海沿
江各港口，嚴查奸匪並防止其暗中活動。是時正值我蘇魯冀海岸
關閉政策宣布之後，我兵力部署之概要如左：

（1）派第一艦隊擔任山東半島及渤海灣關閉任務，經常派艦執
　　　行水上巡邏，及過境機帆船暨帆船之檢查。

（2）派第二艦隊一部（船型較大有出海性能者）擔任長江口至
　　　連雲港三海里以內之巡邏查緝。

（3）各巡防處各就防區防範，經常派艦艇執行巡邏與查緝。

（四）作戰經過

　　奸匪是時利用帆船及機帆船，在海上從事偷運戰略物資，經
我巡邏艇發覺後，因彼此速度相差頗多，故恆遭截擊。關於作戰
情形，各艦所經過者大致相同，在遭遇之初，即令下帆停航受
檢，及發現其可疑，經多方盤問，證實其為匪船後，始將其押解
至距離較近之基地司令部，受軍法官依法審訊，如遇匪船抗拒受
檢，或加足帆力圖逃，則每遭我巡邏艦之砲擊，有時匪以所藏槍
枝向艦還射，遂於拒捕時發生戰鬥，乃被我艦隻擊傷甚至擊沉。

（五）戰鬥後狀況

　　匪海上運輸，經我巡邏各艦不斷分區查緝，每次遭遇恆有損
失傷亡，而我方作戰人員，亦間有受傷或殉職者。

　　計自三十五年十月起至三十六年七月止，我海軍各艦與匪共
作戰五十七次，經統計共斃匪四百四十二名，傷匪一百二十名，
俘匪八十九名，此外並鹵獲匪汽船三十四艘、帆船六十一艘，及
各種武器彈藥並戰略物資甚多（詳見左表）。

### 海軍各艦隊於關閉蘇魯冀海岸戰鬥中俘虜鹵獲數量統計表

部隊番號不詳

| 俘虜 | 鹵獲 | | | | | | | |
|---|---|---|---|---|---|---|---|---|
| 官兵 | 機槍 | 步槍 | 手槍 | 子彈 | 彈藥 | 汽船 | 帆船 | 五金油料機器糧食等 |
| 89 名 | 24 挺 | 208 枝 | 15 枝 | 402,872 發 | 2,552 箱 | 34 艘 | 61 艘 | 數量頗多（惟難一一記清）|

　　由三十六年八月起至三十七年年底止，我海軍對匪作戰之策
略，在海上仍以截擊其海上運輸為主，並以大部兵力協助友軍撤
運（例如國軍第五十四軍被圍，由海軍在海陽接運）。惟是時蘇
北沿長江各口岸，漸有奸匪潛伏，迄三十七年下半年，長江沿岸

一帶，奸匪活動之蹤跡益多，我江防艦隊沿江巡邏，時虞艦隻不足。在此期內，我各艦隊在海上及沿江各口岸，擊沉擊傷匪船頗多，擊斃奸匪人數亦夥，且截獲武器及戰略物資不少，惟目前手邊無此項統計資料可查，故只得從略。

（六）檢討

根據數年來在海上對匪作戰經驗，加以審慎檢討，特將心得數點列舉於後，備資參考。

（1）因我海軍擬定之巡邏網，計劃頗屬周詳，故匪船在海上運輸，恆遭受我艦截擊。

（2）因艦隻航速高，佔有機動優勢，故匪船一經截擊，即無法脫逃，只得俯首帖耳被捕。

（3）匪海上活動多利用夜暗天候，我各艦洞燭其奸，多於夜間出巡，每於港口附近海面，將匪船捕獲（或擊沉）。

（4）匪船亦有於港灣內經檢查發覺者，故港灣嚴密檢查極屬重要。

（5）匪船偽裝技巧甚巧，故檢查時，須注意揭發其偽裝。

（6）我艦每於接獲匪船蹤跡情報後，因補給、加油等延誤，迄至其地，匪船已揚帆離去，故補給業務於作戰得失影響至大。

自匪竊據大陸後，得俄匪援助，已逐漸建立海上武力，目前匪海軍已有艦艇數隊，及海軍航空、陸戰等部隊，今後我海軍對匪作戰，其情勢自非昔日可比，為未雨綢繆起見，特貢獻其管見如次：

（1）為充實戰力，應由海軍當局再向美海軍洽商，增撥驅逐艦（DD）若干艘。

（2）為增強海上偵察，應向美海軍商撥小型（每艘載機十二至
　　 十六架）水上飛機母艦一艘或二艘。
（3）海軍教育訓練，應注意夜間戰鬥及夜間演習。
（4）海軍通訊及補給業務，應不斷力求改進並設法加強。
（5）對匪作戰，應切實注重政治教育及精神教育。

　　迄三十八年春初，大陸形勢漸告轉變，我海軍位於大陸內部
之各廠所機關，奉令開始撤運來台，是時宋鍔已調任海軍總部參
謀長，海軍艦隻已陸續增加，關於對匪作戰計劃，遂根據當時全
盤狀況，重新策訂，其部署概況如左：
（1）派第一艦隊扼守長江口南北及舟山群島一帶海面，維護海
　　 上交通運輸，並擔任對匪作戰。
（2）派第二艦隊之大部艦隻，擔任蘇浙沿岸及台灣海峽之巡
　　 邏，並隨時準備截擊匪海上運輸船隻。
（3）派登陸艦隊擔任由上海至台灣之海上撤運，並準備與匪遭
　　 遇作戰。
　　計自三十八年一月起至同年九月止，我海軍除協同陸上友軍
作戰外，期內與匪在海上共發生戰鬥十七次，計共擊沉匪帆船
六十八艘、汽船三十九艘，並截獲戰略物資甚多（詳細統計數字
缺）。惟在同時期內，我已搶救陸戰、警衛等部隊官兵約一萬
八千餘人，及其武器與裝備，並搶運各造船廠所機器三百餘台，
及各倉庫軍品暨軍需物資約十九萬噸。

（二）渤海灣

## ● 魏濟民
**作戰時級職：海軍艦隊指揮部上校參謀長**
**撰寫時級職：總統府海軍代將參軍**

作戰地區：山東省北海岸
作戰起迄日期：35 年 5 月至 6 月

### 民國三十五年對長山島之進攻

　　民國三十五年初，抗日戰爭勝利不久，俄軍據東北劫收日軍武器，不以之移交國軍，而乃包藏禍心，蓄意用之以裝備共匪，俾利其大舉叛亂之需。當時共匪盤據山東，為數雖眾，但徒手者多，陸上出關之路為國軍所扼，無法趨赴東北接收俄寇儲備移交之武器，乃以帆船乘夜乘隙由山東半島渡海赴遼東，每船所載雖人數無幾，但積少成多，寢僻山東半島與遼東半島間之海途，遂成為共匪出關之捷徑。山東與遼東之間有長山八島，實為來往之中程站，亦為渤海之門戶。共匪多由山東半島之煙台、蓬萊一帶出發，先到長山島窺探國軍軍艦巡邏動態，俟確實獲悉國軍軍艦已遠離山東與遼東間之航線，乃揚帆疾駛，一夜之間即抵俄軍盤據之旅大，接受日械，擴大武力。

　　當時我海軍在北方雖有北巡艦隊，但兵力無幾，蓋抗戰勝利時我國海軍已無可以航海之艦艇，僅賴接收之日本砲艦二、三艘維持北方巡邏。陳副總統時兼艦隊指揮官，濟民任參謀長，實負指揮之全責，鑒於當時情勢之日益惡劣，乃決自率全部可以出航之艦艇，由滬北上，計劃在青島會合北巡艦隊艦艇，裝載海軍教導大隊，一舉攻下共匪當時盤據之長山八島，以切實截斷山東與遼東間之航運。當時出動之艦艇計有：長治、永翔、咸寧、中字

號登陸艦一艘、美字號登陸艦一艘、海寧砲艇及另砲艇一艘，由濟民統一指揮，長治艦長劉孝鋆上校，永翔廖景山中校，咸寧林葆恪中校，中字高光佑忠孝，其餘不能確記。於民國三十五年初夏離青島北上，途遇民船均一一檢查暫拘，並採聲東擊西戰術，先砲擊煙台，毀碉堡砲壘三座，機帆船兩艘，沿岸東航，再攻擊威海衛兩側，及劉公島匪軍陣地及設施，使匪軍以為我軍由西向東攻擊，俟黃昏後，乃乘夜返航，計定黎明之前到達長山島，準備實施抗戰後中國海軍第一次之兩棲登陸作戰。不意當夜奉到海軍總部急電命令略以：美國馬歇爾將軍調停國共戰事，停戰命令已經下達，應即停止攻擊，不得已乃率全部軍力及所拘民船返回青島處理。

由審訊民船中間獲悉共匪之所以能順利偷渡，實由於情報詳密，而我方之鮮獲戰果，則由於巡邏航線過於刻板，與夫艦艇太少，修補費時所致。匪方不僅以長山八島為中間站以確實監視我艦艇在渤海口巡邏之動態，且在我艦艇航泊港口均有情報員，注意我艦艇出入港，進塢修理之活動，是以我艦艇動態共匪均瞭如指掌，匪且以之轉告民船，使民船安心為彼服輸運之勞務。我方則北巡艦隊歸地區司令官指揮，地區司令官不能獲得匪區詳確之情報，惟劃定航線令艦艇巡邏，猶如守株待兔，匪船乃得有轉道規避之機會。復加我軍艦艇太少，不免形成空隙，而艦少務多，機件折損日甚，時須修補，修補費時，則可用之艦艇益少，任務乃難完滿達成。及後雖加強修補業務，設供應站，辦補給訓練班，以解決修補問題，但對反情報及劃線巡邏問題，則後來仍有可以改進之處。

抗戰勝利距今已十有餘年，當時倘不為馬歇爾所誤，長山八島由我攻佔，航運斷絕，則匪軍勢難在東北坐大，釀成後來之禍

變。撫今追往不勝痛惜，而事隔多年，記憶不真，尤難詳細撰寫，謹扼要追述如上。

## ● 梁序昭
### 作戰時級職：海軍峨嵋軍艦上校艦長
### 撰寫時級職：海軍總司令部二級上將總司令

作戰地區：膠東、遼東沿海

作戰起迄日期：36 年 9 月 20 日至 10 月 9 日

### 膠東遼東沿海戰役

概述

一、我軍兵力

1. 海上指揮官：海軍代總司令桂永清中將

　　旗艦：峨嵋軍艦

　　作戰艦艇：太康、長治、永泰、永順、永績、永翔、海城、
　　　　　　　海豐

　　運輸艦艇：中業、美宏、美樂、美益、美亨

2. 陸上指揮官：陸軍副總司令范漢傑中將

　　　　　　　膠東兵團所屬陸軍第八、五四、九、二五師

　　　　　　　陸軍第一九七、五七旅

二、匪軍兵力

　　匪陳毅所屬縱隊實力未詳

### 作戰前之狀況

　　抗日戰爭結束，我政府正在積極復員，恢復交通。而陳毅匪
部，乘機由蘇北、魯中侵入膠東，致山東沿海各港，除青島外，
均為匪控制。俄寇為助長匪共叛亂之企圖，乃以遼東為海上補給
基地，由北韓及大連各港，將軍品物資流入山東沿岸，於是渤

海、黃海間之匪俄海運頻繁。我海軍艦艇經常由青島基地出航巡弋，截斷其交通，但以海岸線遼闊，難免有顧此失彼之虞，最高當局，以收復膠東為決心，命海軍艦艇支援陸軍作戰，陸軍之主力由膠縣、昌邑間地區，經平度攻佔煙台、威海，以一部兵力在主力兩翼後，梯次東進，攻佔海陽、龍口。海軍代總司令桂永清，駐節峨嵋旗艦，督師率隊赴膠東北海沿海作戰，而峨嵋艦長梁序昭則以旗艦艦長職分，秉承命令，參贊主要軍事行動，及作戰機宜，分區清剿共匪，以期達成任務。

## 我軍作戰指導

三十六年九月廿日海軍代總司令桂永清在青島與陸軍副總司令范漢傑商決下列各項之協定：

1. 繼續膠東沿海岸之巡弋封鎖，並著重煙、威一帶。
2. 立時完成部署，支援膠東兵團左翼部隊攻佔龍口，並實施虎頭崖至龍口一帶之沿海掃蕩。
3. 配合兵團左翼部隊爾後自龍口迤東沿海岸之進展，支援蓬萊、煙台之攻佔。
4. 配合兵團右翼部隊，沿五龍河一線之推進，至接近海陽時，以火力支援其攻佔。
5. 依情況需要，在煙、威各港，實施突擊，並以行動作佯登陸之表現。

## 作戰經過

一、配合第八師攻佔龍口、蓬萊

九月十三日派永續艦往龍口羊角溝，擔任封鎖。九月十七日第八師已進展到達掖縣，立飭永泰艦於十八日駛抵虎頭崖，

一面搜索海面匪船，斷絕其海上供應，一面與第八師連絡，旋獲悉該師已越過掖縣東六十里，正向虎頭崖挺進中，而石灰嘴匪部，正向該師側擊，當夜趕駛石灰嘴海面，遙見匪我砲戰甚烈，該艦冒淺駛近匪方，用照明彈發射，暴露匪陣地，再以大砲對敵發射三十餘發，我友軍士氣大振，匪腹背受擊，紛紛竄退。該艦在海面迤東搜索，配合第八師先頭部隊直趨龍口，我長治艦亦適時趕到支援，第八師於九月廿三日收復龍口，長治艦繼續掃蕩萊州灣海面，並掩護第八師東進，收復蓬萊。

二、協力第五十四師攻佔煙台

自九月十三日起，派永泰、永順兩艦，封鎖自長山島經煙台至威海衛海面。十四日拂曉第一艦隊司令李國堂率太康艦突擊煙台、崆峒島，煙市匪軍動搖，準備退卻，九月廿九日李司令由青島偕同陸空兩聯絡電台，率永寧艦，預計於次晚在煙台海面集結，太康、永順、永泰、永續四艦，依計劃向煙台開始攻擊。十月一日晨李司令派永順、永續兩艦分別監視南、北口，自率永寧、太康、永泰三艦，進襲崆峒、芝罘兩島，砲擊匪軍堡壘工事地雷，匪軍紛紛潰退，遂於當日協力五十四師攻入煙台。下午二時，我艦隊由東南口突進，繼續砲擊東山砲台，及東郊潰匪，五時陸續進泊內港，旋即各艦抽派混合部隊登陸掃蕩市區。十月二日永寧艦清掃煙台港內外水雷，太康艦先駛往威海衛監視港外，桂總司令乘峨嵋艦於下午五時由青島抵煙台，立即率艦長梁序昭等登陸，與闕漢騫、黃伯韜兩師長，商決次日協攻威海衛方略，即晚在煙台設立海軍補給站，以為屯儲軍品物資之用。

### 三、攻佔劉公島與威海衛並協運第二十五師登陸

十月二日監視外港之太康艦，據報劉公島及威海市匪部，連日已作部分撤退，僅餘守軍約三十人，重要山頭配有野砲及迫擊砲，該艦當日下午發砲射擊，匪自趙北嘴砲台還擊十餘發。十月三日派永順艦由煙台駛抵威海衛，協同太康艦加強港口監視。四日下午九時卅分桂總司令乘峨嵋旗艦，並率永寧、永泰兩艦，由煙台開往威海，於五日凌晨抵劉公島海面，並令永寧艦監視西口，永泰艦監視東口，制壓趙北嘴砲台，峨嵋、太康、永順三艦，於六時許對匪工事發砲轟擊，駛距該島三千碼海面拋錨，劉公島殘匪聞砲聲已紛向威海市退卻，我太康、永泰兩艦，於七時到達內港，開始掃除水雷及捕捉逃船，並派海軍中校叢樹梅率領隨艦之警衛一排，登陸劉公島肅清殘匪，至是趙北嘴砲台，經永順艦摧毀後，威海衛屏障全失，我峨嵋以下五艦，於午前全隊進港，桂總司令率峨嵋艦長梁序昭及僚屬等乘小艇登陸劉公島，撫輯遺民，旋於下午二時，率太康等四艦，由劉公島近迫威海岸攤，以艦砲掃除各重要山頭及灘頭工事，由叢樹梅中校率領警衛營之一排，在火力掩護下，強行登陸匪潛伏建築物中，以機槍向我登陸碼頭掃射，援報我陸上友軍，距市尚有四十里，因無法聯絡，乃將登陸部隊撤回。六日上午復抽各艦官兵六十餘人，連同警衛排，再行登陸，除匪便衣隊外，餘已乘夜退走，桂總司令巡視市區後，以友軍尚未到達，乃飭登陸部隊，在天黑前先行部署防守地區，匪果於是夜以便衣隊在市區數次縱火，並向我登陸部隊襲擊，均被擊退。七日據報匪軍陸續竄入威海市區，嗣接獲陸軍五十四師馳援范家集，且中止向威海挺進，及營口危急立待艦隊馳援等情報，

桂總司令乃令將登陸部撤回，除派永寧、永順二艦監視威海外，親率峨嵋、太康、永泰三艦馳援營口解圍。十三日峨嵋、太康兩艦由煙台載陸軍二十五師李團第一、二兩營官兵千人及威海市政人員二百餘人運抵威海，薄暮以艦砲掩護登陸，匪退至西南郊，仍頑強抵抗，十四日桂總司令命峨嵋艦長梁序昭將該艦駛赴煙台，以李團之六個連及彈藥給養等運威海增援，第廿五師遂於十五日安全登陸。

四、遼東沿海作戰

（一）協防葫蘆島

九月廿五日奉陳參謀總長誠電，以遼熱匪主力竄抵錦西以北地區，已與我軍發生戰鬥，似有乘機切斷北寧路，進窺葫蘆島企圖，著速派艦隊來葫協防，當飭長治、海寧二艦駛由龍口、大沽二地馳援，另派美益艦裝重油運葫供應，連日因綏中被圍，新民西旗堡發現匪蹤，鐵路切斷，匪以六旅兵力猛攻興城，錦西岌岌可危。廿九日晚葫蘆島情勢日亟，長治艦駛入菊花島之北角，對興城以東地區匪軍以主砲轟擊，匪攻勢立被摧毀，其十三旅旅長孔書瑞被我艦砲擊斃。十月三日晨該艦再駛入菊花島西深入砲擊羊安堡等地進犯興城之匪，匪焰始滅。嗣後葫島援軍雲集，情況好轉，改派長治艦增援營口，直至十月八、九兩日，營口外圍之匪被擊退時，乃應錦州守軍之請以匪復向葫島西北迂迴，當派長治、永泰二艦，由營返葫，砲擊錦西、東北地帶，以解左翼之圍。

（二）艦隊解圍營口

十月六日奉陳參謀總長誠瀋陽急電，以東北匪勢猖獗，瀋營、平瀋交通中斷，飭速派艦隊迅駛營、葫，協力作

戰。時匪遼南軍區第八縱隊第一、二兩師猛攻營口，大市橋我守軍第九師被迫轉進，迫近市區，時桂總司令方率艦隊在威海衛登陸作戰，乃立飭長治、美益二艦，於六晨馳援營口。當晚匪五次猛撲，經協力守軍以艦砲阻擊，匪攻勢遂稍挫，旋據報匪第三師復向營口增援，守軍眾寡懸殊，永泰、太康兩艦乃於七日自威海以高速馳援營口，桂總司令乘峨嵋旗艦，於八日由葫抵營，我艦隊與守軍第九師取得聯絡，由該師派參謀駐艦，以蔣家村、老爺廟等處為射擊目標。入晚匪以第八縱隊三個師，第十一旅之一部，及砲兵一個團，共約二萬人之眾，向營口猛撲，我長治等四艦，自九時起至次晨六時止與匪野砲六門展開砲戰，太康、永泰舷邊中彈，幸無傷亡，長治艦舷邊中彈八枚，艦體數處損傷，傷亡士兵四名，守軍第九師正面一度被匪突破，我各艦以艦砲密集射擊，匪傷亡慘重，正面旋即恢復，是役計擊斃匪第三師師長黃文祥以下二千餘人，匪第一師師長及砲兵團長均負重傷，攻勢慘挫。九日薄暮，匪再向我濱海地區攻擊，距我守軍第一線僅一千公尺，我太康、永泰、美益、長治四艦，以艦砲極力阻擊，據報砲彈彈著準確，匪再度受挫後，乃向大石橋集結，重整頹勢，營口近郊已無匪蹤。桂總司令除飭長治、永泰兩艦留駐協防外，於十月十一晨率峨嵋、太康巡弋長山八島後，經煙台返青島。

## 檢討

是役海軍艦隊，協同空軍支援陸軍作戰，攻擊頑寇，實為剿

匪戡亂以來之創舉。當時國軍因缺乏三軍聯合作戰經驗，致事前無詳密協同作戰計劃，且是時各兵種通信設備較差，致戰時不能發揮密切合作之效能。

　　峨嵋旗艦性能，為運輸修理艦，係供補給油料、淡水、彈藥之用，桂總司令是次駐節該艦，歷時九十有六日，航程達千餘里，序昭以旗艦艦長贊襄桂總司令擘劃全局，率隊作戰，爰就實際情況，檢討其優劣各點，分述如左。

一、優點

　　1. 各艦官兵戰志甚高，均能奮勇作戰達成任務。

　　2. 艦隊在海上作戰，如無燃料則不能運動，無軍火則無以攻敵，峨嵋艦以桶裝重油供應長治艦，使其能繼續駐防營、葫一帶，以輕油、滑機油，供應所有美贈各艦，維持各艦之活動力，多數艦悉由該艦獲得軍火、淡水之接濟，尤有著而足證者，長治艦雙十節前夕以主砲支援陸上友軍，使營口轉危為安，越二日該艦燃料告罄，賴峨嵋艦裝運重油及時馳援。

　　3. 峨嵋為總司令旗艦，在海上作戰，領導艦例應居先，除非受水位之限制外，該艦莫不全力赴戰，該艦砲備之威力為當時參加作戰各艦之冠，初攻威海時艦上以巨砲越劉公島攻敵，先聲奪人，致大部分匪軍，聞風逃竄，峨嵋艦自北海返航抵煙台時，趕運五十四軍部隊及市府人員赴威海增援，以汽艇裝載少數部隊奮勇領導，首先登岸，因天已昏黑，軍隊尚未卸畢，不及開出海，翌晨幾為匪砲所中，匪之猖獗可知。

　　4. 此次北巡範圍，歷遍北方重要港灣列島，航程達千餘海里，宣示政府德意，發揚國家觀念，居民夾道歡迎，並供

給匪軍情報，其有助於今後剿匪之計劃者，實非淺鮮。

5. 峨嵋艦在作戰期中，對於修理工程，每有交修，必盡速趕修，以應戎機，舉其要者，如太康艦之抽水機、馬達，永續、永泰艦之發電機，永順艦之汽艇機器，中業艦之電羅經損壞，以上各機件倘不能如期修復則無法擔任作戰任務，其關係之大可以概見。

二、缺點

1. 陸空協調較差，通訊等裝備均不合聯合作戰之要求。

2. 情報甚差，敵人情況多不明瞭。

3. 峨嵋艦曾以趕卸部隊開入威海衛北之半月灣，灣口狹隘，水流無定，稍嫌過於冒險，又乘黑夜前開入劉公島，次晨幾為匪砲所襲，雖幸起錨迅速，退俥駛離，匪砲最近者僅及艦尾數十尺，實屬疏忽。

## ● 黃揭掀

### 作戰時級職：海軍永泰軍艦少校副長
### 撰寫時級職：海軍巡邏艦隊第四十四戰隊上校戰隊長

作戰地區：山東省海面

作戰起迄日期：36 年 9 月 13 日至 10 月 6 日

### 戡亂膠東戰役

（一）概述

　　海軍永泰軍艦係抗戰時期依照租借法案，由美國租贈八艦之一，返國成軍，即駛青島，編入海防第一艦隊，由司令李少將國堂統率。本艦為護航驅逐艦型，裝備計有新式雷達及聲納各一具，三吋砲一尊，40 糎機關砲兩門，20 糎高射砲六門，深水炸彈發射砲兩門，滾架兩座，編制官員十九員，士兵一百一十人，實有人數，官兵足額，士兵則有超額練兵八人。本戰役中，桑島、大耗島、大連口外、廟島諸戰鬥，均係單艦行動，直接接受海軍總部之指揮，煙台、威海衛兩戰鬥，則係桂代總司令永清親臨戰場指揮。

（二）作戰前之狀況

　　對日抗戰勝利後，共匪藉俄帝之助，除盤據東北外，並竊據山東省，山東半島即成為俄帝供應共匪以物資之橋頭堡，大量軍用物資，自北韓各港及大連、旅順流入山東省，海上運輸工具，則有俄帝之大運輸輪船及共匪之小型運輸輪船及機帆船，陸上則由共匪設立運輸局，專司轉運事宜，匪在人力方面，亦盡量就地搾取，並將山東青年二萬餘人運往東北訓練。

（三）我軍作戰指導

　　我軍為切斷北韓、遼東半島與山東半島間匪軍之交通，乃以青島為基地，經常派遣一、二艘有新式裝備之大艦，在渤海、黃海執行關閉任務。

（四）作戰經過

1. 桑島戰鬥

　　民國三十六年九月十三日十七時，我永泰艦巡抵山東省桑島附近，與匪帆船運輸隊相遭遇，當即擊沉三艘，俘獲六艘，其所載重要物資計有軍用汽油 246 大桶，及匪發行局所有之鈔票紙及油墨等，並俘虜匪發行局運輸科長嚴雨成（曾任匪煙台市警察局長）一名。

2. 大耗島戰鬥

　　九月十八日午前，巡經海洋島至外長山島水道時，遙見匪輪一艘，拖帶巨型帆船一艘，裝載甚重，急避至大耗島，企圖隱匿，終被我艦追擊，中彈起火沉沒。

3. 大連口外戰鬥

　　遵照海防第一艦隊司令李電，據報匪輪「海康」號篠晚離大連駛煙台，飭注意堵截，因遵於九月十七日即在大連與煙台間巡弋，無發現，殆十八日二十一時，巡經大連南遇岩附近，即已發現該輪，繼續追蹤，旋於十九日零二時追獲，因當時氣候惡劣，未予搜檢，即飭隨行。黎明時，本艦因追蹤另一可疑船隻，不意該「海康」輪竟向老鐵山頭方向逃逸，意圖兔脫，經本艦折返加速追趕，歷時二小時，始追及捕獲，該輪最高速率達九節半，常速為八節，淨噸位五十二噸，長二十三米，寬四米二，此次載人員一百三十八人，及汽油四十五大桶等，該輪

及所載物資，由永順艦帶大沽巡防處，擔任沿海運輸之用。

## 4. 廟島戰鬥

九月二十二日十二時，在廟島附近發現有砲艦三艘，停泊於南北長山島間之一宿街，其中最大之一艘，艦橋頗為複雜，桅上懸有大旗一面，其餘兩艦所裝設之砲均清晰可辨，當即一面派漁民送信，曉以大義，並保障其一切安全與優待，促其出降，一面即綿密偵查岸上防禦工事與水中有無障礙物，以為進擊之準備。待至二十三日十四時正，陰雨連綿，該匪艦仍無出降跡象，乃接敵攻擊，當砲戰時，岸上亦有機槍向我發射，我仍集中火力向匪艦轟擊，另以二十糎砲向岸上可能有匪隱匿處行點射，各匪艦均經我三吋砲直接命中彈甚多，四十糎、二十糎命中彈無數。待二十六日晨，本艦再往實際觀察，左右兩艘已全部沉沒，居中之一艘仍傾側水際，遵奉李司令轉奉總部肇戶源枚申銑電略謂，似即匪所謂太平洋艦隊，並奉代總司令桂特賞法幣三百萬元。

## 5. 大連口外戰鬥

九月二十八日零一時，巡至大連口外，截獲匪輪「海燕」號，因氣候惡劣無法處理，又因奉令另有任務，乃押至榮成灣，下卸人員後，予以擊沉，該輪載人員九十九名，船長七十呎，吃水十三呎二吋，速率七節半。

## 6. 收復煙台戰鬥

遵照海防第一艦隊李司令電，於十月一日黎明，在煙台口外與永寧艦、太康艦會合編隊，砲轟芝罘島及崆峒島匪砲陣地，旋奉令留北口監視，於十五時，自北口進入煙台，在崆峒島附近捕獲匪輪「光武」號一艘，遵交煙台補給分站接收處理運用。

## 7. 收復威海衛戰鬥

遵照海防第一艦隊李司令酉支午參戰電，於十月五日晨五時半，到達威海衛港外，黎明進至東口預示攻擊位置，以火力制壓趙北嘴、摩天嶺等地匪砲及匪軍工事，在我軍登陸劉公島成功後即進入威海衛港，下午桂代總司令率登陸兵力，乘小輪船，擬自威海衛碼頭登陸，余當時感覺匪軍抵抗頗弱，其中恐有詐，頗具戒心，又以碼頭附近沿海岸及沙灘地貌可疑，更恐有高級長官冒險登陸，我各艦應負其安全之全責，乃囑各值更官兵特別注意，親自在指揮台以望遠鏡時時搜索。當登陸小艇離岸十餘米時，碼頭附近各道路及沙灘上突擁出大批匪軍，攜帶機關槍向我登陸軍猛襲，首被余發現，迅即命令 20 糎、40 糎各砲掃射，因事先有準備、射擊準確、距離近，各砲威力亦大，轉瞬間，岸上煙霧塵沙瀰漫，匪軍全被消滅，我登陸軍得以安全撤退，亦頗驚險也。

## （五）戰鬥後狀況

盤據山東之匪軍，其軍品物資之供應全賴北韓及大連運往煙台、威海衛，自海康、海燕、光武等輪被我捕獲或擊沉後，交通幾瀕斷絕，影響匪軍作戰力甚大。又匪為永久作亂計，曾將山東青年運往東北受訓，經我艦執行關閉後，匪各項計畫受阻，遂影響以後再度攻佔山東的力量。

## （六）檢討

1. 俄帝除以大連為基地，全力供應共匪武器及物資外，大連造船所並代匪造鐵殼大型輪船兩艘，為匪修理長平丸輪（原為日本運輸船，重三千餘噸），又俄帝輪船列寧號（重三千餘

噸）曾經常往返大連、煙台間，代匪裝運軍火及糧食。

2. 匪藉口糧食缺乏，曾盡量蒐集薑積，並驅逐難民向我軍區就食，增加我方處理難民之困難。

3. 匪曾自山東召集青年男女二萬餘人，送往東北受訓，充當下級幹部，即為以後再度攻佔山東之主力，惜當時我為收攬民心，未加阻止，殊為可惜。

4. 匪軍當時因各級幹部智識水準較低，故智識較高者，概使充當政治工作，其軍政幹部並可夫妻同在軍中工作，生育子女前後均至北韓育養，其留後方之軍人家屬，責成各所屬村政府優待，賴此種制度以提高士氣。

5. 因陸海通信聯絡不佳，指揮又不統一，攻入煙台時，陸軍已入市區，海軍仍在海外依計畫行動，攻入威海衛時，海軍已進港錨泊並登陸，陸軍仍在郊外被阻。

6. 建議

   A. 戰時處理難民問題，原極困難，在國境戡亂作戰，尤為極難處理之事，加以匪共不顧民眾生死，心存殘暴，常藉難民掩護，達到其企圖，或竟欲藉難民，以拖垮國軍，故嗣後戡亂作戰，應有預定處理難民之構想，視情況列為作戰計畫附件之一，並有專門處理難民之機構。

   B. 陸海通信聯絡，應確實可靠，指揮官須有恢宏氣度，不因力量之大小，而忽視各軍種所代表之地位

   C. 匪共每到一區輒搜集糧食，藉此以扼住人民之咽喉而資嚴密管制，故我將來反攻大陸時，後勤計畫亦須視情報判斷，而有民食計畫之附件。

   D. 對匪戡亂作戰，應注意收復區及陷匪區人力之運用，不可為了收攬民心而疏忽管制，致為匪所用。

## ● 謝克武
### 作戰時級職：海軍美亨軍艦少校艦長
### 撰寫時級職：海軍上校

作戰地區：膠東

作戰起迄日期：36 年 9 月至 10 月

### 膠東會戰－封鎖作戰

1. 兵力：美亨軍艦，後臨時增派砲艇兩艘。

2. 任務：封鎖山東半島南部自成山頭至嶗山北部，嚴密防止石島灣之匪對外交通，封鎖線長約六十浬。

3. 敵情概要：石島燈塔附近有匪中口徑砲一門，射程達一萬公尺，港口有若干小型砲火。清海衛、海陽、裡島均駐有匪軍，設施不明。

4. 經過概要：

當國軍展開膠東會戰之時，海軍為策應陸上之進展，故總司令桂上將親臨青島部署作戰，奈因艦艇不足，調度困難，余接長美亨軍艦，自成軍後因電機為美顧問不慎損壞，半年有餘無法修復，士兵均係入伍半年餘之新兵，艙面軍官僅艦長一人。余以主機尚佳，雖僅一部電機，晝停夜航當可勉強服勤，以解當前困難，乃向隨總司令來青之作戰署長王天池將軍建議獲准，派此任務。

九月廿七日自青島出發，氣候甚劣，中途濾油器油管忽斷，因顛頗甚劇，無法修理，不得不折返青島，經修復後再出發抵石島後，匿泊港口外蘇門島，對附近詳密偵查監視，後見船隻均近岸航行潛入石島，乃於日間測定匪砲位，乘夜

接近，破曉時突然摧毀之（嗣後未見發砲），發 40mm 二百餘發，獲總部電斥不應進入匪砲射程內行動，但余不得不如此，否則無力執行任務。連日捕獲巨型帆船數十艘，均裝載巨木、葶麻、柴油自安東省大東溝匪區及北韓駛石島者，因無協力船隻，且無處可使椗泊，不得已將人員集中一、二艘，經詢問而釋放，其餘則火焚之，物資僅獲可以搬動之葶麻及柴油若干。未幾又獲韓國機帆二艘，裝柴油、汽油等，凡此均在石島口三浬內捕獲者。經察知石島當時為匪南對上海、北對東北及韓國之唯一海口（渤海內向為我封鎖），內泊有機帆數十艘、巨型帆船數百艘，余乃建議上級派砲艇協力摧毀之（時為追擊偷入石島之船隻，曾一度突入灣內，證實不虛），後經派二砲艇協力於薄暮之時突入灣內，匪曾一度以追擊砲及若干機關砲（判 20mm）向我射擊，經制壓即停，惜砲艇吃水過深，未能到達所要位置，僅美亨艦之火力摧毀匪船數十艘（有照片報總部），港內大火燭天，乃乘機脫離。嗣後（十月三日）遣返砲艇後，獨自深入清海衛內港，擊毀匪船五十餘艘，此項純隻均係自上海運棉花濟匪者，因該處僅有匪步機槍射擊，故得從容進入內港，距岸五百碼處突擊之（亦有照片呈總部）。某日追擊一匪船該船，裝有匪軍數十人，匪愴惶於海陽東側搶灘，人員涉水上岸，余志欲捕獲之，乃於該處登陸，後匪援軍到達，艦上士兵受傷一人，乃退出沙灘。此次雖無成果，但卻為海陽撤退時覓得良好灘頭。此次封鎖任務計達十一日，艙面軍官僅艦長一人，機艙僅電機一部，敢謂係海軍空前絕後之舉，幸未出意外，得達成任務。

**心得感想**

（一）海軍艦隻出服任務前，應使明瞭最近之敵情。膠東會戰中，海軍艦隻出動前，敵軍狀況與友軍狀況均茫然不知，雖有時可自所在地巡防處或移交艦獲知，但可能性甚少，因氣候為一未知數，到達後能否獲悉，事先不知，故極易冒受無代價之損失。

（二）盟國非軍事人員宜有適當之管制，封鎖石島之某晚曾有機動漁船一艘自石島駛出，經追捕獲，始知為救濟總署漁船，船主為美國人，經勸告離去後自石島漁人供稱，該輪常來石島出賣燃油，濟匪以物資固可報，恐國軍情報亦被其出賣。

（三）重視前方蒐集情報，不必拘泥於手續，此次捕獲自韓國資匪莘蔴船一艘，上有貨主吳堃楨，經偵訊係匪資源會所派，在上海之負責機構為吳淞大華行，其董事長沈西林主持滬魯海運，其子沈才郎駐石島。余先電青島基地司令部後將吳犯押回，但軍法處以其先前口供無手模簽證而予釋放，反誣余劫奪其資源，此項情報亦未轉報總部，待余卅七年度返總部晤情報科長周伯達告此事，始破獲該資匪機構。

（四）上級指揮官不可因細故而沮喪前方士兵，阻礙前方指揮官之企圖心，此役中一為摧毀石島匪砲，一為支援友軍耗費彈藥較多，而遭電令申斥，余非不知節約，但不如此則無法達成任務，如因而消極，國家損失更大。再如余將匪所運巨木料拋棄海中，基地司令部竟電斥：「該艦何不拖回，殊屬非是」等，石島距青島 90 浬，余任 60 浬之封鎖，既無艦接替，自應獨斷權衡利弊，以免顧此失彼，而上級不諒，且不顧事實不可能拖數艘巨帆返青島，而隨意

電斥，增加下級之困難。

（五）通信效率與通信保密應相應著重，當時對此二項均欠注意，但仍不能發揮通信效率。憶封鎖石島時曾發現飛機一架，向本船俯衝，經以海空連絡信號向其連絡，未見答覆，急電青島查詢，一日後始獲答覆，如係匪機早已造成定局矣。

（六）指揮系統複雜，變動頻繁，不之究從何令？戰機迅即變更，多重指揮系統極易貽誤戎機。當時直接指揮本艦者，有北巡艦隊司令（後改第一艦隊）、青島基地司令、海軍總部、海軍巡防處等，有時一日之間連獲二、三不同方向與任務之命令，執行極惑困難。

（七）勛賞失時效，難生激勵士氣之功效。戰場受勛獎最易激勵士氣，待會戰終了再予頒獎，其價值相差懸殊。

● **王天池**
**作戰時級職：海軍總司令部上校作戰處處長**
**撰寫時級職：海軍總司令部作戰計劃委員會少將主任**
　　　　　　**委員**

作戰地區：膠東、遼東沿海
作戰起迄日期：36 年 9 月 20 日至 10 月 9 日

**海軍卅六年膠東遼東沿海戡亂作戰報告**

一、概述

（一）海軍在抗戰勝利以後，舊時艦艇除極少數外，均已蕩然無
　　　存。卅五年在美接收作戰軍艦八艘，計 DE 二艘（太康、
　　　太平）、AM 四艘（永順、永勝、永定、永寧），PCE 二
　　　艘（永泰、永興），另 AOG 一艘（峨嵋）。海軍總部於
　　　卅六年鑑於北方海面之緊張局勢，就當時作戰主力成立第
　　　一艦隊於渤海，以上述八艦及戰後剩存之長治、永翔、永
　　　續三砲艦合併編成，並依情況配屬以必要之登陸艦艇，
　　　執行膠東、遼東沿海之搜巡作戰。

（二）卅六年九月初旬，海總部奉國防部指示，為配合范漢傑
　　　兵團收復膠東之作戰，海軍應迅在青島基地完成戰備，
　　　隨時出動，阻止匪軍由海上向膠東增加兵力及補給，在
　　　攻擊實施時期，隨陸軍之進展，與之密切協同，在金口、
　　　海陽、威海衛、煙台、龍口、虎頭崖等處實行佯登陸，牽
　　　制匪軍兵力，爾後於陸軍攻擊上列各地之同時，分別予
　　　以火力支撐。

（三）海軍桂總司令率同幕僚作戰處長王天池等，於九月中旬自

京飛青，依左列之任務偏組直接指揮第一艦隊之作戰。

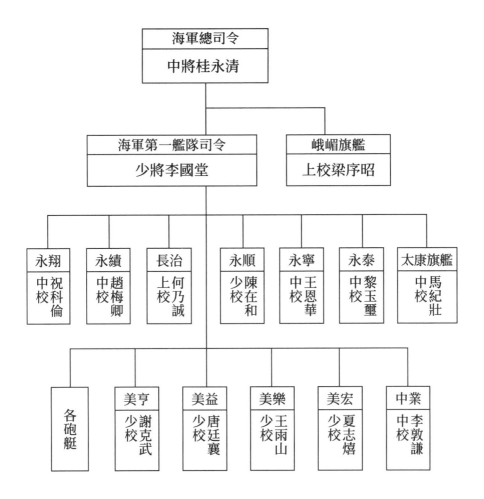

二、膠東沿海作戰

（一）我軍作戰指導

九月廿日，桂總司令與范副總司令漢傑商決下列之協定：

1. 繼續膠東沿海岸之巡弋封鎖，並著重煙、威一帶。

2. 立時完成部署，支援膠東兵團左翼部隊攻占龍口，並實現虎頭崖至龍口一帶之沿海掃蕩。

3. 配合兵團左翼部隊，爾後自龍口迤東沿海岸之進展，支援蓬萊、煙台之攻佔。

4. 配合兵團右翼部隊，沿五龍河一線之推進，至接近海陽時，以大力支援其攻佔。

5. 依情況需要，在煙、威各港口實施突擊，並以行動作佯登陸之表現。

（二）作戰經過

1. 加強實施海上封鎖

九月中、下兩旬，我海軍輪往各處封鎖之各艦，日夜加緊海上巡弋，計太康、永順、永寧、永泰、美益諸艦，捕獲及擊沉匪船甚多，至九月底止，匪軍海上交通已完全被我切斷。

2. 配合第八師在萊州灣沿海岸行動

九月十七日，我第八師進展到達掖縣，立飭永泰艦於九月十八日駛抵虎頭崖，獲悉本師已越過掖縣東六十里，正向虎頭崖挺進中，而石灰嘴匪大部隊正向該師側擊，當夜趕駛石灰嘴海面，遙見匪我戰況劇烈，該艦冒淺駛逼匪方，先用照明彈二發暴露匪軍陣地，以大砲對敵轟射卅餘發，匪感腹背受擊竄退，該艦在海面迤東搜索，配合第八師先頭部隊迤趨龍口，我長治艦亦適時趕到增

援，遂於九月廿三日由第八師收復煙台。

3. 協力第五十四師攻佔煙台

自九月十三日起，我永泰、永順兩艦受命封鎖自長山島經煙台之威海衛海面，十四日拂曉，李司令率太康艦首次突擊煙台、崆峒島，煙市匪軍動搖，開始作退卻準備。九月廿九日，李司令由青島乘永寧艦出航，隨艦帶有陸空兩連絡組電台同行，照預定計劃於次晚在煙台海面，集結太康、永順、永泰、永續四艦。十月一日拂曉，開始自海上攻擊煙台，李司令指定永順、永續兩艦監視南、北兩口，自率太康、永寧、永泰三艦，進襲崆峒、芝罘兩島，砲擊匪軍所建堡壘、工事、地雷，匪軍紛紛潰退，遂於當日午前協力第五十四師攻入煙台。下午二時我艦隊編隊自東南口突進，繼續砲擊東山砲台及東郊潰匪，五時陸續進泊內港，旋即由各艦抽派混合部隊登陸，協助陸軍掃蕩市區。十月二日上午由永寧艦清掃港內外水雷，太康艦先駛往監視威海衛港口，桂總司令乘峨嵋旗艦下午到煙，立即登岸與黃伯韜、闕漢騫兩師長商決次日協攻威海衛方略，即晚在煙台成立海軍補給站，復飭中業艦由青島裝載本軍給養及煙台各機關人員、學生七百餘人於十六日抵煙。

4. 攻佔劉公島與威海衛並協運第廿五師登陸

十月三日由煙台派出永順艦策應太康艦，加強威海港口監視。四日午夜，桂總司令乘峨嵋旗艦，並率永寧、永泰兩艦，由煙台駛赴威海，於五日拂曉到達港外海面，指定永寧艦監視西口，永泰艦監視東口，制壓趙北嘴砲台，由永康、永順兩艦於晨六時開始砲擊前進，劉公島

殘匪聞砲聲紛向威海市退卻，木船多被擊沉海中，我太康、永泰兩先頭艦於七時到達內港，開始捉捕逃船及掃除水雷，並派中校叢樹梅率隨艦之警衛營一個排登陸劉公島，肅清殘匪，至是威海衛屏障全失，我峨嵋以下五艦於正午前全隊入港，桂總司令登陸劉公島撫輯遺民。旋於下午二時率太康等四艦進薄威海岸灘，以艦砲掃除各重要山頭工事，由叢中校率所指導之警衛排在火力掩護下強行登陸，匪潛伏建築物中，以機槍向我登陸灘頭掃射，以陸上友軍距市尚遠撤回。十月六日上午復抽派各艦官兵六十人，連同警衛排再行登陸，匪除便衣隊外已乘夜退出市區，桂總司令於巡視市區後，因友軍不克如期到達，乃飭登陸部隊在天黑前部署防守地區，匪果於是夜以便衣隊在市區數次縱火，並向我登陸部隊襲擊，均遭擊退。七日匪軍陸續竄回威海市區，我五十四師因馳援范家集，中止向威海挺進，復接營口危急，立待艦隊馳援之訊，桂總司令乃撤退登陸部隊，留永寧、永順兩艦監視威海，率峨嵋、太康、永泰三艦馳往營口解圍，至後於十三日由峨嵋、太康兩艦自煙台載運廿五師李團赴威海安全登陸。

## 三、遼東沿海作戰

### （一）協防葫蘆島

九月廿五日奉陳總長電，以遼、熱匪主力竄抵錦西以北地區，已與我軍發生戰鬥，似有乘機切斷北寧路進窺葫蘆島企圖，著遂速派艦隊來葫協助，當飭長治艦於廿七日由龍口開往，另派美益艦、海寧砲艇前往協助，連日

因綏中被圍，新民西旗堡發現匪騎，鐵路遭匪切斷，匪以六旅兵力猛攻，興城、錦西岌岌可危。廿九日晚葫島情勢日急，我長治艦駛入菊花島之北角，對興城以東匪軍，以主砲痛加轟擊，匪攻勢立被摧毀，其十三旅旅長孔書瑞遭艦砲擊斃。十月三日晨該艦再沿菊花島深入，砲轟羊安堡等地進犯興城之匪，匪焰始見衰減。爾後援軍漸集，葫島情勢好轉。長治艦增援營口，直至十月八、九兩日，營口外圍之匪已被擊退，乃應錦州守軍所請，以匪復向葫島西北方迂迴，派長治、永泰兩艦由營返葫，砲擊錦西東北地帶，以解除守軍左翼所受威脅。

（二）艦隊解圍營口

十月六日奉陳總長瀋陽急電，以東北匪勢猖獗，瀋營、平瀋交通中斷，飭速派有力艦隊急駛營、葫協力作戰。時匪遼南軍區第八縱隊第一、二兩師猛攻營口甚急，大市橋我守軍第九師被迫轉進，匪迫市區僅四千公尺，長治、美益兩艦於六日晨馳抵營口，當晚匪五次猛撲，經協力守軍以艦砲阻擊，匪攻勢稍挫，惟匪第三師復向營口增援，守軍眾寡懸殊，營市危如累卵。七日永泰、太康自威海以高速馳援營口，桂總司令乘峨嵋艦於八日由葫抵營，我各艦與守軍第九師取得密切聯絡，由該師派參謀登艦，決定射擊目標蔣家村、老爺廟等處，距離自三千碼至一萬二千碼。入晚匪以第八縱隊三個師加第十一旅之一部及砲兵一個團，共約二萬人向營口猛撲，我長治等四艦，自九時起直至次晨六時止，與匪野砲展開劇烈砲戰，太康、永康舷邊均有著彈，尚無傷亡，長治艦舷邊著彈八枚，艦體數處傷損，傷亡士兵三名，守

軍第九師正面曾一度被匪突破，我各艦以大小火砲密集撲擊，匪傷亡空前慘重，正面旋即恢復，是役計轟斃匪第三師師長黃文祥以下二千餘名，匪第一師師長及砲兵團長均負重傷，攻勢於以慘挫。九日薄暮，匪再向我海潘地區攻擊，距我守軍第一線僅一千公尺，我太康、永泰、美益、長治四艦悉力阻擊，匪再度受挫，乃向大石橋集結，重整頹勢，營口近郊已無匪蹤。

四、戰鬥教訓及觀感

（一）艦隊配合陸軍為較大規模作戰，此次實為創舉，陸上指揮官以往藐視海軍之心理雖漸減除，但依賴海軍之心理過重，務應確切瞭解，俾艦隊得以充分自動發展性能，不宜使拘執各保一、二艦心理，免使艦隊支解，無以發揮。

（二）艦艇除在海上遇敵不避必要之互擊外，其對於陸上之攻擊，概以位置不受敵火，或於接近突擊後迅移位置賡續突擊為原則。陸上指揮官未應要求其處於不適於運動地位作為固定砲台，或令與近距離敵火互擊，或要求射擊過濫。

（三）艦隊指揮官在戰場上應發揮獨斷行動之精神，以保持集中主動使用為原則，俾於聯合作戰時，依輕重緩急，為各方面澈底解決問題，不應常處被動，以削弱自身力量。

（四）戰鬥中火砲發射，應切實依照射擊要領，力求準確，艦上各砲台均應由負責官長觀測修正，不可浪費砲彈。此次戰役中長治、永泰、永寧、峨嵋各艦均曾作過多發射。

（五）對匪作戰不可徒恃物質優越致勝，無論海戰或登陸時，切忌呆板的對擊，又須講求運用智能，以對付匪方一切可能之陰謀詭計，而免除無意義之傷損。

（六）此次戰役中，賴有峨嵋艦裝載充分油料、淡水及彈藥等，
　　　隨時補充各艦，以增加其續航耐戰力量，及應急修理能
　　　力，頗見功效，仍待增進艦上醫藥設備，以應戰時緊急
　　　療治需要。

## ● 黃揭掀
### 作戰時級職：海軍永泰軍艦少校副長
### 撰寫時級職：海軍巡邏艦隊第四十四戰隊上校戰隊長

作戰地區：遼寧省營口

作戰起迄日期：36 年 10 月 8 日至 10 日

### 戡亂營口保衛戰役

（一）概述

　　海軍永泰軍艦參加營口保衛戰，係接續膠東戰役而來，營口陸地防禦兵力當時頗為薄弱，僅有一○三七部隊王家善師長率領整編師一師，及甫經增援到達之交警總隊約二千人，尚未參加戰鬥，駐地亦僅有市區，離遼河約四千碼闊地帶，西北鐵路線亦時斷時續，該地幾已成孤立區。

（二）作戰前之狀況

　　我軍自三十六年九月下旬至十月初旬，規復煙台、威海衛、龍口等地區後，匪軍為挽回其軍威計，乃使用其一貫之擊虛戰法，企圖一舉佔我營口，期在營口舉行雙十節慶祝大會，以壯軍威。匪軍為第八縱隊，下轄一、二、三等三個師及第十一旅之一部，另附砲兵一個團，計有野砲二、山砲九、步砲二、總兵力近兩萬人，在當時我軍無砲兵配屬下之情況，匪軍此種兵力已視為砲兵集中使用，其威力頗不可忽視。

（三）我軍作戰指導

　　我艦係奉命前往支援守軍保衛營口，各艦依守軍之要求，超

越射擊，擊退來犯之匪軍及消滅匪砲兵。

（四）作戰經過

　　十月八日 1400，與太康、美益等艦到達營口，下碇後，即會同原駐該處之長治艦，前往岸上陸軍司令部咨商一切，惟因時間短促，情況不明，無甚大具體協議。匪軍旋即於 1730 開始攻擊，我艦砲加以支援，匪砲亦向我艦射擊，自此時始，迄次（九日）晨 0800，始全部停止，澈夜砲戰激烈，1900 至 2000，雙方砲戰最為激烈，匪砲彈著落於本艦前後左右距離五十碼以內者二十餘彈，幸均未被擊中，匪砲彈有少數似不爆彈，因有數彈落於舷側，未爆炸，否則本艦亦將受嚴重損傷。我各艦雖在狹小之運河水道，水流湍急，但仍上下游動，黑夜中，分段互讓，即免碰撞，又避免被匪砲擊中，終以我海軍砲火力強烈，匪砲終被我制壓、截毀。本夜為匪進攻營口之最高潮，步兵在匪砲掩護之下，先後衝鋒達十數次，最慘烈者有三次，即（A）1900 匪我雙方砲戰猛烈時，（B）0100 時，匪於火水塘方面集結約六千人，向我約一百碼之正面衝鋒，被我各艦交叉火力擊潰，（C）0400 許，匪於大小川心店集結一個團兵力，分四波向我約百碼正面衝鋒，亦被我陸海協同火力擊潰。

　　九日 1700 許，本艦及太康艦即依陸軍要求，於匪尚未發動攻擊之先，集中兩艦火力，向匪主力集中之老爺屯、江家屯、塘旗堡施行殲滅性射擊，卒與以嚴重性打擊，故是夜匪勢大煞，僅有零星小戰鬥。十日以後，匪乃正式撤離營口近郊，向大石橋、海城方面竄去。

　　八日晚，共匪各砲所發射砲彈數，超過我海軍各艦主砲所發射者六、七倍之多，但終因我各艦中小型機關砲火力猛烈，殺傷

力強，予匪軍損傷極大，終告不支也。

（五）戰鬥後狀況

此次戰役根據一〇三七部隊長面告，及遼濱晨報記載，計斃匪第三師師長黃予祥以下二千餘名，並其第一師師長及砲兵團長重傷，另俘獲被毀未及運走之野、山砲各一門，又拾獲匪軍預期在營口慶祝雙十節之宣傳品甚多。

（六）檢討

（1）匪共戰爭指導，常承認局部失敗，但反對整個認輸，煙、威、龍為我軍收復，匪軍暫不作強硬抵抗，亦不立即重予侵陷，而在營口，則集中很強大兵力，希圖一舉侵占，若非我數艦迅速馳援，則共匪在營口慶祝雙十節已成為定論，此種避實擊虛與大範圍之互相支援之戰爭指導，常為我軍之所未慮及，而常為匪所乘。

（2）匪軍對「集中」與「節約」兩原則，應用得最精善。

（3）我軍在此戰役之勝利，係賴精神力使然，蓋當永泰艦八日晚馳駛至遼河口時，適值落潮時期，若一艦駛入後，潮水即行低落，他艦已無法駛入，又航道為沉船堵塞，僅能容一艦同時航行，又僅有引水一人，設非本人之建議，及黎玉璽艦長旺盛之企圖心，毅然不用引水，冒險緊隨太康艦駛入，否則我兩艦均不能進入營口，當晚在匪軍之猛攻下，營口必然陷落無疑。

（4）建議

A. 戡亂戰應以殲滅匪之主力（兵力）為目的，不應當注重於地域之防守，以免我兵力為匪所牽制，漸被削弱。

B. 對匪作戰，各級指揮官必須注重攻擊精神與旺盛之企圖，絕不可稍存傲倖心，冀圖保存實力，致遭挨打之失敗。

C. 戡亂戰之作戰原則，必須加「精神」或「士氣」一原則，而且須特別發揮此原則之力量，平時即須著重研究。

D. 海軍艦砲在沿海作戰時，支援力甚強，活動範圍大，行動迅速（如永泰艦之自威海衛馳援營口），故在戡亂戰中，應加強海軍艦砲之裝備，及海陸支援協調之研究。

● **高舉**
**作戰時級職：海軍太康軍艦中校艦長**
**撰寫時級職：金門防衛司令部海軍少將副司令官**

作戰地區：渤海灣（煙台十里灣）
作戰起迄日期：36 年 10 月至 11 月

**渤海灣戡亂作戰心得報告**
前言

　　戰術、戰略因裝備、編制、兵力及政治狀況、革命環境等各種情形之不同而不同，即在上述同一情形之下，戰術、戰略亦非一成不變者，故吾人對於作戰心得的教訓自不應忽視，然亦不可過於拘泥。最重要者，吾人應檢討敵我得失，糾正吾人之缺點，學習敵人亦之優點，至於敵人之缺點，則敵人亦在不斷進步，固未必可以長期利用，吾人欲擊敗敵人，了解過去之敵人，固亦重要，了解今日與將來之敵人，則更重要。

　　共匪自十六年八月南昌暴動以迄渡江以前，並無海上武力，尤以民三十四至三十六年余任艦長期間，匪並海上運輸能力亦極薄弱，但根據當時作戰經驗，匪海岸要塞砲兵之訓練尚佳，而吾人當時所能獲致之作戰心得亦僅限於對要塞砲兵之作戰，至若對匪海軍之作戰，則相信截至目前為止，我艦隊亦尚未遭遇到我勢均力敵之匪海上部隊，在此敵我兵力懸殊情形之下，勝之不武，更不宜強調戰果，以免使官兵發生錯覺而生輕敵之心，否則一旦與敵新成軍之正規艦隊遭遇，必因而遭遇受挫折。故余個人意見，陸軍固可從過去剿匪戡亂戰役中獲得一部分之經驗與教訓，海空軍則更應著重於對匪建立強大海空軍後之新形勢作一番新的

估計，並針對其可能採取的戰略、戰術採取有效對策，以保證反
攻復國之勝利與成功。

（一）太康軍艦

（1）番號：護航驅逐艦 DE6

（2）編制員額：艦長編階上校
　　　官 19 員，軍士長 5 員，士官長 11 員，共 35 員，士兵約計
　　　170，現員約 190 員（編制員額 203 員）。

（3）裝備：
　　（a）槍砲：3 吋砲 4 門、40mm 砲 4 門、20mm 高平兩用
　　　　　10 門、深水炸彈滑架 2 座。
　　（b）輪機：主機 4 部、電機 4 部、鍋爐 2 部。
　　（c）航信：雷達 2 部、聲納 1 部、收發報機 9 部、無線電
　　　　　話 5 部、羅遠 1 部、測向儀 1 部。
　　（d）帆纜：汽艇 10、錨 2。
　　（e）一般：噸位 1500 噸，時速 21 浬，長約 300 英呎、寬
　　　　　約 30 英呎。

（4）簡明沿革及前後任人員：
　　　該艦係抗日期中，軍委會考選全國海軍官兵及大專學生一
　　　千一百餘人派往美國受訓後接收八艦之一，並係八艦之領
　　　隊艦，當時艦長（即前任）為現海軍總司令梁序昭上將，
　　　余後任為現國防部副部長馬紀壯中將。


（二）作戰前之狀況

（1）本艦巡弋渤海灣，截斷敵旅順、大連與煙台、龍口間之交通
　　　及運輸補給。

（2）敵海上僅有武裝機帆船及無武裝之運補機帆船，多乘黑夜、

黎明、黃昏偷渡，但因我警戒週密，行動迅速，故無一漏網。當時因接防軍艦逾期未到，艦上副食早告罄，淡水亦因俘獲船隻過多，無法供應，但官兵士氣仍極高。

（三）我軍作戰指導

（1）因係對敵港作長期封鎖，故計畫將全艦員兵分三班輪流值更，追捕敵武裝機帆船時則以 40mm 以下各砲對敵作戰，進入匪要塞砲射程之前或將與敵遭遇時，則全艦進入備戰狀態。

（2）本艦以煙台、龍口間之海面為巡弋地區。

（3）白晝用瞭望哨，夜晚及黎明、黃昏用雷達，以搜索敵海上運輸船隻。

（四）作戰經過

我艦為企圖擊毀在十里灣附近避匿之匪貨船，經下令全艦官兵就戰鬥部位，然後向灣內前進，當時本艦已進入敵要塞砲有效射程以內，但敵未發一砲，約廿分鐘後，敵貨船已遁入小山後之淺灘擱淺，因該船在山後，艦砲不能及，且本艦當時離岸亦太近，恐擱淺，遂開始回航，即在轉換航向之剎那間，匪東、西兩砲台突開砲夾擊，彈著多落在艦左右舷五十碼以內，余立即下令對火力較猛之西山砲台以全力猛烈還擊，數分鐘內（約十五分）該台即告沉寂。

（五）戰鬥後狀況

據漁民報告，匪砲台一部傷被燬，附近居民亦有傷亡（三、四人），我無損失，總計此次巡弋，俘獲大小船隻（七－九），

為七為九已不能詳，糧秣數字已不詳。

（六）檢討

（1）匪砲台在我漸進入其火砲有效射程之內時仍不發一砲，一直至我艦開始回航時猛烈夾擊，有兩種原因：

　（a）誘我深入。

　（b）在轉換向回航時，艦幾於靜止，命中容易。

（2）匪砲手射第一彈群即幾於命中本艦（五十碼近彈有兩個），顯示匪海岸砲兵射擊準確，訓練精良。

（3）經我立即予以猛列還擊以後，匪射擊精度即銳減，此蓋由於我熾盛之火力，迅速與準確之彈著調整，使匪砲兵喪膽，射擊精度因而減低。

**結論**

　　我艦於進入十里灣時，已推斷匪在該處可能設有砲台，已有充分作戰與防止奇襲之準備，故雖突被夾擊，而官兵均能沉著應戰，立即予以猛烈還擊，終於達成壓制敵人，並摧燬其砲台之一部。

### ● 趙梅卿
### 作戰時級職：海軍永績軍艦中校艦長
### 撰寫時級職：海軍總司令部總司令辦公室上校主任

作戰地區：塘沽

作戰起迄日期：37 年 1 月 10 日至 12 日

## 塘沽剿匪之役

一、概述

（一）我軍兵力

陸軍：不詳。

海軍：塘沽巡防處轄海康砲艇及差 103 號艇、永績艦一
月九日抵沽，永翔艦（第一艦隊李國堂司令旗艦）
一月十七日抵沽，海寧砲艇一月十五日抵沽。

（二）匪軍兵力

匪軍李先念所部約八千餘，於一月八日起向天津南大沽
小站竄犯。

二、作戰前之狀況

國內政治協商屢停屢談，既無進展，而匪軍乘機擴建侵襲。
華北時入冬，津河冰結，匪李先念所部約八千餘人謀攻塘、大，
以困天津。

塘、大為海河要險交通樞紐，設有海軍造船所及新港工程處。

大沽口可泊萬噸以上巨輪，關係華北經濟安全至為深巨。

## 三、作戰經過

塘沽我軍兵力薄弱，匪溜冰進襲，行動迅速，利用凍結鹽田向塘、大進攻，於一月八日迫近大沽，距我造船所僅五百公尺之遙，情勢之危急可以想見。新港工程處及塘沽市面均感惶惶不安，我軍僅以砲艇支撐待援。

永續艦巡弋渤海灣，聞聲於一月九日趕至大沽，時港口浮冰片片，航行標誌盡撤，終破冰駛入與巡防處徐處長聯絡後，即以艦砲向紅樓一帶轟擊，匪軍遭受意外打擊，傷亡慘重，狼狽後撤，當晚再以大小砲向敵掃射。一月十日戰況暫為沉寂，我方由天津調兵增援，匪軍亦在調整兵力。十一日拂曉，我援軍渡河掃蕩，與匪遭遇，一度後退，旋由永續艦以艦砲支援，戰況激烈，匪終不支，遺屍逃遁。我海軍繼續配合追擊之兵力伸展射程，予匪以澈底之打擊。

## 四、戰後狀況

塘、大轉危為安，津河航運並由永續艦護航，積聚之進出口商輪因得以恢復常態。

陸軍部隊傷亡不詳。

海軍無損傷。

## 五、檢討

（一）冬季津河凍結，防範欠週，致有侵襲之虞。

（二）海軍軍艦之活動於內河猶如機車之在鐵路上，只是線的據守，未能發揮面的控制，此必需陸海軍之密切聯繫，各盡其性能，方收實效。塘大之役在聯繫上尚屬差強。

（三）內河如天津河者，河面太窄，轉頭之處不多，活動受限

制，千噸左右之軍艦活動即感困難，建議將來建造內河
淺水砲艦，以應需要。

## ● 謝克武
## 作戰時級職：海軍美亨軍艦少校艦長
## 撰寫時級職：海軍上校

作戰地區：膠東

作戰起迄日期：37 年 2 月

### 膠東會戰－裡島突擊作戰

1. 兵力：美亨艦
2. 任務：駐防煙台、威海，巡弋其以南迄石島，封鎖匪海上交通。
3. 敵情概要：匪佔有膠東大部，我僅據守煙台、威海，山東半島以南海岸為匪海上吐納區，但不明利用何處。
4. 經過概要：

　　民國卅七年元月奉命駐防煙、威，並巡弋附近，二月一日黎明發現五桅木船向成山頭以南行駛，乃急進之，該船遁入愛倫灣，余追蹤而去，無意深入裡島，發現內港泊有韓國小輪七艘，岸上油桶堆積如山，乃不顧敵情，深入港距離三、四百碼，以擴音器命韓國小輪駛出，等候約十分鐘未見啟椗，而港口高地兩側匪軍數百人已展開進入陣地，以迫擊砲、步兵砲、機槍向我射擊，余不得已，一面指揮對匪作戰，一面以砲火將韓輪全部擊，使起火沉沒，並將堆積岸上之汽油亦擊，使大火（均有照片呈總部），余僅耗 40mm 數十發、20mm 百餘發，即使匪補給基地遭嚴重損失，後奉電令嘉獎。

### 心得感想

（一）海軍艦隻出服任務前，應使明瞭最近之敵情。膠東會戰

中，海軍艦隻出動前，敵軍狀況與友軍狀況均茫然不知，雖有時可自所在地巡防處或移交艦獲知，但可能性甚少，因氣候為一未知數，到達後能否獲悉，事先不知，故極易冒受無代價之損失。

（二）盟國非軍事人員宜有適當之管制，封鎖石島之某晚曾有機動漁船一艘自石島駛出，經追捕獲，始知為救濟總署漁船，船主為美國人，經勸告離去後自石島漁人供稱，該輪常來石島出賣燃油，濟匪以物資固可報，恐國軍情報亦被其出賣。

（三）重視前方蒐集情報，不必拘泥於手續，此次捕獲自韓國資匪荸蔴船一艘，上有貨主吳塈楨，經偵訊係匪資源會所派在上海之負責機構，為吳淞大華行，其董事長沈西林主持滬魯海運，其子沈才郎駐石島。余先電青島基地司令部後將吳犯押回，但軍法處以其先前口供無手模簽證而予釋放，反誣余劫奪其資源，此項情報亦未轉報總部，待余卅七年度返總部晤情報科長周伯達告此事，始破獲該資匪機構。

（四）上級指揮官不可因細故而沮喪前方士兵，阻礙前方指揮官之企圖心，此役中一為摧毀石島匪砲，一為支援友軍耗費彈藥較多，而遭電令申斥，余非不知節約，但不如此則無法達成任務，如因而消極，國家損失更大。再如余將匪所運巨木料拋棄海中，基地司令部竟電斥：「該艦何不拖回，殊屬非是」等，石島距青島 90 浬，余任 60 浬之封鎖，既無艦接替，自應獨斷權衡利弊，以免顧此失彼，而上級不諒，且不顧事實不可能拖數艘巨帆返青島，而隨意電斥，增加下級之困難。

（五）通信效率與通信保密應相應著重，當時對此二項均欠注

意，但仍不能發揮通信效率。憶封鎖石島時曾發現飛機一架，向本船俯衝，經以海空連絡信號向其連絡，未見答覆，急電青島查詢，一日後始獲答覆，如係匪機早已造成定局矣。

（六）指揮系統複雜，變動頻繁，不之究從何令？戰機迅即變更，多重指揮系統極易貽誤戎機。當時直接指揮本艦者，有北巡艦隊司令（後改第一艦隊）、青島基地司令、海軍總部、海軍巡防處等，有時一日之間連獲二、三不同方向與任務之命令，執行極惑困難。

（七）勛賞失時效，難生激勵士氣之功效。戰場受勛獎最易激勵士氣，待會戰終了再予頒獎，其價值相差懸殊。

（三）收復山東煙台、威海衛

## ● 王恩華
**作戰時級職：海軍永寧軍艦中校艦長**
**撰寫時級職：海軍艦隊指揮部中將指揮官**

作戰地區：煙台、威海衛
作戰起迄日期：36 年 9 月 27 日至 10 月 14 日

### 海軍收復煙台威海衛戰役

一、概述

　　民國卅六年恩華忝任海軍永寧軍艦中校艦長，隸屬於海軍海防第一艦隊，時艦隊駐節青島，執行封鎖渤海灣之任務，以阻斷匪海運交通，而達孤立遼東半島與山東半島之匪軍，使我陸地戡亂軍事之進展順利。

　　九月下旬恩華奉命率艦，參加收復煙台、威海衛作戰，光陰荏苒瞬已十年，今撰述本役作戰經過，因資料無存，茲憑個人回憶，不無遺漏之處，惟當盡求忠實報導，以供國軍戰史資料之參考。

二、作戰之狀況

　　二次大戰末期，由於雅爾達祕約，俄軍得進佔東北，大戰結束後，俄帝蓄意阻撓我國接收東北，並積極援助匪軍，以強化匪軍之叛亂力量，時國軍正全力圍殲山東地區陳毅匪部，陳匪形成困獸，匪俄極圖以遼東半島旅大為基地，海運人員物資潛濟山東半島之陳匪所部，煙台、威海衛諸港為匪據用，故我海軍全力遂行封鎖渤海灣之任務，以截斷匪海運交通。我陸軍部隊正自青島向北挺進，以規復煙、威諸港，阻匪利用。

　　山東半島民眾，多為匪脅迫，我軍難期獲其合作，致情報工作未能先期開展，更難獲「知彼」之效，當時煙、威匪軍兵力，編組、部署均屬不明，惟悉煙台口外芝罘島、崆峒島、東山及威海衛西北之劉公島等處匪設有砲台以控制煙、威兩港。

三、我軍作戰指導

（一）陸軍整五四師北上攻佔煙、威諸港，海軍艦隊自海上夾
　　　擊之。

（二）海軍部署：

　　　1. 九月二十七日海軍總司令桂永清中將，於青島召開軍
　　　　事會議，令第一艦隊司令李國堂少將偕同陸空聯絡電
　　　　台，乘永寧艦即日駛往煙台口外，另電太康、永泰兩
　　　　艦於十月一日晨七時前駛來會合，又電永順、永續兩
　　　　艦後續駛來，桂總司令乘峨嵋艦親蒞指揮。

　　　2. 十月一日收復煙台後，桂總司令與闕師長等會商決定
　　　　乘勝續攻威海衛計劃，定十月五日陸海會師威海衛。
　　　　四日二十二時太康、永順、永寧、永泰等艦先後駛抵
　　　　威海衛海面監視，五日晨三時開始攻擊，當日拂曉桂
　　　　總司令乘峨嵋艦到達指揮，令太康、永順、永泰三艦
　　　　由東口，永寧艦由西口，駛入內港，奪取劉公島，進
　　　　擊威海衛。

四、作戰經過

（一）進攻煙台戰鬥

　　　十月一日晨七時前，永寧、永泰、太康三艦集結於煙台口外芝罘島北六千碼處成單縱隊，永寧首先發砲，各艦陸續轟擊該島

砲台，繼轟崆峒砲台，斯時空軍亦臨空助戰，惟海空聯絡未通。時至正午，除永泰艦機件須檢修外，太康、永寧兩艦由南水道進迫煙台，過崆峒島時，永寧艦前，太康艦後繼，砲轟東山，陸軍聯絡電台試通聯絡，知我陸軍部隊已進入煙台市內，十七時我艦肅清海面，錨泊煙台外港警戒。二日晨永寧艦清掃港內外水道，進泊煙台內港。

（二）進攻威海衛戰鬥

　　十月四日二十時太康、永順、永寧、永泰四艦先後駛抵威海衛海面警戒。五日拂曉，太康、永泰、永順三艦由東口，永寧艦由西口駛入港內，此時我陸軍部隊因另有任務奉命他移，海軍部隊遂獨立戰鬥，由警衛營士兵與艦上士兵組成登陸部隊，由汽艇二艘駛近碼頭登陸，因零星散匪隱匿阻擊，且時已近晚，掩護兩艇返艦，停止登陸，永寧艦留港監視，餘艦在外海整補。六日二時發現威海衛市內火光數起，判匪已撤退，六日晨永寧艦派士兵二十餘人，由叢樹梅中校率領登陸，順利達成任務，並將市民千餘人撤往劉公島。七日下午匪探悉我登陸部隊兵力薄弱，匪以一團之眾，大舉來犯，我登陸部隊被迫撤退返艦。同日桂總司令因另有任務，率峨嵋、太康、永泰三艦他駛，永寧、永順兩艦奉令「確保劉公島，壓制威海衛」。八日至十日，兩艦分別監視威海衛與劉公島海面，八日匪砲於威海衛西南方之奈古山頂，向在港之永寧艦轟擊，經我艦還擊制壓遂趨靜止。十日晨奈古山匪砲及威海衛東南方之金線頂匪砲交相轟擊，我永順艦甲板中彈一枚，無大損害，當我兩艦與匪砲戰相持至十三日，同日下午峨嵋艦載二十五師一個團，由煙台到達，因駁運船隻缺乏，當日未能登陸。十四日晨匪以巨砲轟擊峨嵋艦，阻我軍登陸，經各艦以猛烈砲火還擊，掩護峨嵋艦出港，改由他處登陸，當日即進佔威海衛

北面高地。

五、戰鬥後狀況

（一）匪傷亡不詳，我無傷亡。

（二）六日下午威海衛市民千餘人撤至劉公島，還鄉政府非但不
　　　能妥善安撫該批市民，反與其爭奪糧食，不僅影響政府信
　　　譽，且更激起人民反感。

六、檢討

（一）匪軍

　　1. 優點

　　（1）情報工作良好，不僅能及時偵知我軍狀況，並能有
　　　　　效實施情報工作，以密匿其部署行動，使不為我知。

　　（2）匪戰地政務頗能配合軍事要求，故民眾多在匪控制
　　　　　脅迫下為其趨使。

　　（3）匪以詭詐宣傳，欺騙民眾，確能收心戰一時之效。

　　2. 缺點

　　（1）以暴力控制民眾，失去民心。

　　（2）無海空支援。

（二）國軍

　　1. 優點

　　（1）我海軍士氣旺盛，戰技精良。

　　（2）作戰遂行中，我艦指揮官能臨機決斷，行動果敢。

　　（3）協助民眾遷移，並設法維持其生活，不僅安撫民心，
　　　　　且能爭取匪區民信。

2. 缺點：

(1) 戰地民眾為匪控制，情報來源閉塞，且我亦無法先
期派員潛入匪區開展蒐集情報工作，致戰鬥中無法
「知彼」，陷於匪情不明狀態。

(2) 三軍無協同計劃，致行動難期密切協調，通訊聯絡
亦未臻理想。

(3) 缺乏兩棲作戰之訓練。

(4) 政治未能配合軍事。

（三）改進意見

1. 情報為作戰指揮之準據，適時適切之情報乃為克敵制
勝之關鍵，今後剿匪作戰，尤應增強情報效能，特別
重視戰場情報之搜索與作戰情報之研判運用。

2. 三軍聯合作戰應有審慎綿密之計劃，以期戰時發揮密
切協同合作無間之效能。

3. 作戰有賴迅速確實之通訊，今後對通訊訓練之加強，
及通訊設備之有效運用尤應注意。

4. 加強對匪政治作戰，有關戰地政務之建立與開展，特
應及早研求策略與方法，俾戰時確能組織戰地民眾，
推動戰地政務，配合軍事作戰。

5. 無論戰略、戰術均應爭取主動，制匪機先。

# ● 謝克武
## 作戰時級職：海軍美亨軍艦少校艦長
## 撰寫時級職：海軍上校

作戰地區：膠東

作戰起迄日期：36 年 11 月

### 膠東會戰－保衛威海衛作戰
與第八軍某師協同保衛威海衛作戰

1. 兵力：美亨艦
2. 任務：駐防威海衛，協力友軍。
3. 敵情概要：威海市係真空狀態，匪軍大部於東南神道口附近與國軍第八軍某師對持於半月彎周邊，威海北部公路附近有匪砲兵，業將南口封鎖。
4. 經過概要：

同年十一月七日奉命接替永寧艦駐防威海衛，到達後氣候極劣，晚泊半月彎，無法向永寧艦長張仁耀辦交待，該艦即返青。因泊地不良，乃改泊劉公島，初不知南口已被匪砲火封鎖，敵情亦不明，進入後匪砲曾猛擊，但未命中。到達劉公島泊地後，巡防處長叢樹梅中校來艦，始明匪情，當日即以果敢精神接近匪岸，對匪砲陣地發彈百餘發，匪初還砲十餘發，因射速極慢，頗易迴避。次日大雪，叢處長偕威海市長龍出雲及第八軍第 166 師參謀來艦，據云我陸軍已推進至神道口南面數公里，但嚴寒土凍，野戰工事無法築成，復據諜報，匪大軍結集神道口，顯將發起攻勢，因此我軍將無法扼守，故要求本艦對神道口予以砲擊。余閱海圖，神道口距南岸六千碼，唯附近

有麻子港深入內陸二千餘碼，進入港內始可砲擊，但兩側山高三百餘呎，水深足敷，但港道狹窄，不容轉身，且中途有礁石區，港口向東北入內後將無法退出，故擬拒絕，待氣候好轉再去。然該參謀云，如不能佔209高地，該師本晚必無法固守，勢將被迫撤離半月灣，放棄威海矣。余見此，乃決心冒險行動，當即互約無線電話波長，請為彈著觀測。乃於下午冒風雪前進到港口，後見兩側有匪軍約一連據守，港口約百餘碼寬，直向內延伸，港底有沙灘，余乃生一策，以兩側20mm砲及50機槍仰射兩側匪軍，順風入港（時風速六級），近礁石區拋尾錨，搶灘，而後對神道口射擊，達成任務後，起尾錨頂風退出，可避轉身觸礁之危。結果實施情形良好，匪軍越山逃竄，余搶灘後先盲目對神道口方面射擊，經友軍觀測通報修正後，連續射擊半小時餘，發射40mm四百餘發，安全撤離。次日市長來艦云，據諜報，匪遭砲擊死傷四百餘人，攻勢無力興起，已後撤，我軍刻已進佔該處，然余卻獲總部嚴令申斥，因耗彈過多，但余以為能協力友軍達成任務，心願受斥。嗣後駐防期間曾與匪砲砲戰多次，十一月23夜自煙台補給後返防，見麻子港方面我軍與匪砲戰甚烈，因係月夜，余乃迫進匪後方岸側，突以猛熾砲火射擊之，匪砲兵顯然受驚而停止射擊，余始與友軍聯絡（因其時全用明語，恐先為匪知我行動也），而後返劉公島，復獲第八軍軍長李彌犒賞全艦三百萬元。

● **徐集霖**
**作戰時級職：海軍太康軍艦少校副長**
**撰寫時級職：海軍上校**

作戰地區：膠東
作戰起迄日期：36 年 9 月

**剿匪戡亂作戰心得報告**
　　本報告係對膠東戰役、海陽戰役作戰心得之補述，兩戰役期
間，余均任太康軍艦副長，以歷時過久，經過詳情已不可能全部
追記。
　　當時匪尚無海空軍部隊，兩戰役均為我陸海協同作戰，我空
軍部隊未參加，亦無海空協同作戰。

**膠東戰役－民國三十六年九月**
一、經過概要
　　是役太康艦於九月 X 日（隔時過久，以 X 日代之）午對
煙台北方崆峒島及附近之砲台、工事砲擊，協助陸上友軍部隊
（五十四軍）自西側向煙台攻擊。未遭受匪還擊，當日即收復煙
台。是晚太康艦奉令駛威海衛方面，截斷匪海上通旅順、大連之
交通線，協力我陸軍部隊自煙台向威海衛攻擊。概定 X+3 日攻
佔威海衛。
　　於 X+3 日拂曉，太康率另永字級艦二艘，自威海衛東口方
面攻擊。隊形為單縱隊，各艦距離八百碼，太康為先頭艦。在進
入東口之前先對劉公島及威海衛兩方面砲擊以觀匪之反應，以後
遂駛入東口，向港內攻擊。當時火力分配，以太康艦分別對左右

兩側匪目標之攻擊，以第二艦對左側目標，第三艦對右側目標之攻擊。攻擊目標，為在觀測上可能為匪之岸上砲位及其已構築之工事陣地。但迄未遭受匪砲之還擊而進入該港。

於進入之同時，即發現於威海衛市區有數處起火燃燒（並非艦砲射擊區，事後查明，為匪幹臨時破壞工廠及軍需物資）。並於威海衛及劉公島兩方面，均有民眾持旗歡迎之列隊，遂命二永字艦駛向西口方面探測航道，實施警戒。

當日正午頃，峨嵋艦（為該時前桂總司令旗艦）得悉威海衛情況後，自西口駛入，並命令以峨嵋為主，各艦分別派遣岸上警戒員兵，共計不足百名，裝備亦限亦於各艦之小武器，故均為手槍、步槍、衝鋒槍三者，通信亦僅為手旗、信號彈、手提信號燈（記憶中似無電報機）。先在威海衛小艇登岸碼頭登陸，並成立指揮部。隨後，前桂總司令亦率海軍高級官員登岸巡視一週，並指示警戒部署。

警戒部隊登陸後，即查明匪於我艦拂曉攻擊時未行抵抗即自威海衛撤退，並焚燬不及搬運之物資，對工廠予以破壞，傳聞仍有少數匪幹轉入地下活動，暗中控制民眾，監視行動。但迄未能察出地下潛伏之匪幹。

原計畫於 X+3 日在威海衛與我陸上友軍部隊會師，以友軍進展未能順利，X+3 日尚為匪有力部隊阻滯於距威海衛五十公里以外。故 X+3 日晚，乃命岸上警衛部隊向威海衛登陸碼頭附近集中，實施防衛。峨嵋艦亦於天黑前駛離威海衛內港，於港外錨泊。

X+3 日入夜，即有匪地下潛伏分子活躍，向我岸上警衛部隊攻擊，我警衛部遂逐漸向碼頭後退集中，並以艦砲支援，阻止匪攻擊前進，直至 X+4 日拂曉頃始趨平靜。

　　X+4 日拂曉，有匪砲自威海衛南側山脊附近向我泊地軍艦襲擊，我永順艦中彈一發，損害輕微。經艦砲集中制壓，即趨於沉寂。太康艦概於 X+5 日因營口防務緊張，即奉命前往增援。而威海衛匪亦日趨活躍，我岸上警衛部隊爾後乃向劉公島轉進，終至撤離該島。當時有部分難民隨轉移至劉公島，爾後轉運至青島。

二、本戰役之戰訓

（一）陸海協同作戰，要協調連絡確實。

（二）僅以艦隊員兵抽派部分員兵登陸實施陸上守備警衛，在人力上、裝備上均不足擔任該項任務。乃有成立海軍陸戰隊之議，爾後發展成為今日強大有力之陸戰隊，為反攻前鋒，為海軍收戰果。

（三）當時未實施黨政軍聯合作戰，未作周密部署，故匪得以破壞工廠物資轉為地下活動，暗中掌握當地民眾。我雖一時表面上佔領威海衛，但實質上，匪仍控制該市，故我今後反攻作戰，必須加強黨政軍聯合作戰。

（四）對收復地區港灣，軍艦駛入後，應作週密之防衛措施，以免匪對泊地之襲擊。

（五）當時對匪岸上防衛情況，兵力部署，完全不明瞭，只憑目視觀測，對既設構築工事之處，於軍艦駛入前予以砲擊，但以後對射擊命中之目標觀察，該目標仍未到達破損之程度，故今後對岸上工事目標之攻擊，應考慮三吋砲或五吋砲之威力，工事強度，而指定射擊目標。

● **侯秉忠**
**作戰時級職：海軍峨嵋軍艦上尉輪機官**
**撰寫時級職：國防大學校上校學員**

作戰地區：山東威海衛
作戰起迄日期：36 年

### 膠東戰役－威海衛作戰

一、作戰經過

（一）海軍參與本作戰軍艦
　　1. 峨嵋軍艦　艦長梁序昭
　　2. 太康軍艦　艦長馬紀壯
　　3. 永順軍艦
　　4. 永泰軍艦

（二）記實
　　民國三十六年，國軍光復煙台，時余於峨嵋軍艦輪機部門服務，前海軍總司令桂故上將，以本艦為座艦，駛抵煙台，計議收復威海衛，使用海軍試探匪實力，然後再定具體計劃，乃令太康先轟擊該港匪陸上砲位及陣地，峨嵋、永泰、永順三艦後隨支援。

　　太康艦轟擊時，匪略有抵抗，旋即後撤，永順、永泰進港後，繼續轟擊可疑目標。晌午，峨嵋艦進港，錨泊劉公島之南，此時太康艦另有任務，離威海衛他駛，桂故上將於巡視劉公島後，即率三艦官兵組成之登陸部隊，約三十人，登陸威海衛，搜索市區，未發現匪蹤，傍晚即令登陸部隊扼守市區兩要點及碼頭，由永順、永泰二艦支援，桂故上將即返峨嵋艦，當晚形勢概如附

圖，各艦均實施燈火管制，峨嵋艦實施警戒戰備部署（三分之一砲備戰）。

　　時近午夜，山上匪發砲數發，彈著不明，我三艦集中砲火還擊，峨嵋艦即同時實施戰鬥部署（全體動員），並準備起錨，匪於射擊該數發砲彈後，即行沉寂，本艦亦即恢復警戒戰備部署。如是每隔壹小時許，匪砲即射擊數發，連續約三次後，我官兵均倍極疲勞，解除戰鬥部署，均即入睡（非值警戒戰備部署人員）。

　　黎明前約一小時，官兵正熟睡之際，匪砲數門，集中火力射擊峨嵋艦，彈落艦之兩側海中，近者距離不足二十碼，本艦立即還擊，同時實施戰鬥部署，起錨運動迴避，並收回登陸部隊，即與永順、永泰赴煙台裝載陸軍部隊，至威海衛登陸。

　　海運陸軍部隊約三千人，於艦砲支援下，登陸西口附近灘頭，登陸工具係使用汽船拖帆船行駛，匪於艦砲轟擊時，想已後撤，故登陸未受任何阻抗。陸軍部隊登陸後，始終未能向市郊山區推進，同時計劃自煙台經陸路攻威海衛之部隊，迄未貫通，本艦因其他任務，即行離港。


二、檢討

（一）匪撤離後，民眾因繼續受匪威脅，雖對國軍表示歡迎，不
　　　　敢傾肺腑明言，極可能於威海衛市區有大量潛伏之匪。

（二）峨嵋艦於白天拋錨停泊後，即未移動，匪於夜間三度發
　　　　砲，一方可收困擾我官兵之效，一方可能是試射，故最後
　　　　黎明前之攻擊，彈著極靠近本艦。


三、心得

（一）收復地區必需政治走在軍事前面，不能深入民眾，民眾不

能真心信賴我們，則軍事上的勝利，和沒有根的樹一樣，
任憑樹有多大，還是不能長久生存。

（二）軍艦於有匪情可能之附近，不應錨泊，如因長時間作戰，
顧及節約兵力，必需錨泊時，則入晚及發生情況後，均應
移動錨位，才不至為匪所乘。

**威海衛港灣圖**

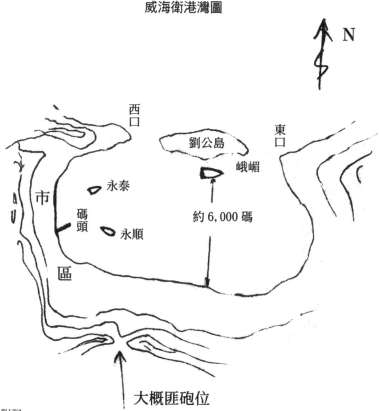

附記：
一、余服務輪機部門，上述經過記實，部分係當時聽自艙面軍官。
二、峨嵋艦排水量 14,750 噸，平均吃水 26 呎 5 吋，有三吋砲五門。
三、永順艦排水量 850 噸，平均吃水 8 呎許，有三吋砲一，40 糎砲二門。
四、永泰艦排水量 760 噸，平均吃水 7 呎許，有三吋砲一，40 糎砲三門。
五、月齡：約為二十二、三。

● **方子繩**

**作戰時級職：海軍永翔軍艦少校副長**
**撰寫時級職：陸軍供應司令部運輸署水運組海軍中校**
**副組長**

作戰地區：山東龍口、威海衛
作戰起迄日期：36 年 10 月

**膠東戰役**

　　剿匪戡亂戰役中，因共匪當時無海軍，故我海軍在大陸撤退之前，對匪作戰均以艦砲支援友軍（陸軍）。

　　第一次參加膠東戰役時，任職永翔軍艦副長，係於卅六年十月先後在龍口、威海衛掩護第八軍撤退，達成任務。

　　惟檢討此役：一、軍方不了解敵法。二、友軍與艦方聯絡協調不夠密切，在戰役中不能發揮最大戰力，對匪方之弱點未能予以致命之打擊，故戰役中實感遺憾，未能達到預期理想之成果。

● **李敦謙**
**作戰時級職：海軍中業軍艦中校艦長**
**撰寫時級職：海軍巡防艦隊司令部上校司令**

作戰地區：山東省膠東暨威海衛
作戰起迄日期：36 年 10 月 23 日至 24 日

**膠東戰役暨威海衛戰役**

一、膠東戰役長山八島之登陸作戰

　　自卅六年十月一日煙台克復後，為殲滅盤據於長山八島之匪軍，民國卅六年十月廿二日奉命載運海軍陸戰隊二個連登陸長山八島，於當日 1930 進入泊地，2000 用小艇裝運實施登陸，本艦以艦砲控制各島週邊海面，結果順利登陸。盤據島上之匪軍，由於海面被我艦艇砲火之控制，無法脫逃，全部就殲或捕獲，至次日 0300 全部島嶼皆為我軍克復。

二、威海衛之增援與撤退作戰

　　威海衛自我軍佔領後，匪仍繼續對我外圍島嶼時加攻擊，本艦奉令自煙台裝載陸軍第 25 師駛往威海衛半月灣（HALF MOON BAY）登陸。於登陸之際，匪軍曾發砲射擊，一彈落於登陸之灘頭爆炸，我方登陸之陸軍戰士一員受傷倒地，全部隊於虛疏砲聲中，登陸完畢。至廿五日下午，本艦復奉令駛半月灣作緊急撤運 25 師之任務，當日傍晚撤運完畢，廿六日清晨安全載運回煙台，完滿達成任務。

三、結論

（一）據當時島上民眾稱，此役由於我軍登陸迅速，海面為我
　　　艦砲所控制，使匪軍無法乘船脫逃，得以將其全部殲滅
　　　及捕獲，同時解救多數人民，為匪判處死刑者，得以慶
　　　生。

（二）我海軍全體官兵，有不畏艱苦，冒險犯難、對匪作戰之勇
　　　敢犧牲精神，故每戰必勝，使匪軍喪膽。

（三）當時我陸軍部隊未受兩棲作戰之訓練，亦無乘船渡海之習
　　　慣，故於海上航行及上下艦舷時，甚感困難，今後反攻
　　　作戰，因我已有良好兩棲部隊之裝備，深信能夠發揮輝
　　　煌之戰果。

（四）當時匪無海軍，我與匪甚少有機會在海上作戰，故能將海
　　　軍兵力用於沿海地帶，協助陸軍部隊作戰，以艦砲轟擊
　　　犯匪，收穫甚大，當時士氣之旺盛，均能抱定敵愾同仇
　　　之決心，來效忠我總統愛護部隊之德意。

## ● 趙梅卿
### 作戰時級職：海軍永續軍艦中校艦長
### 撰寫時級職：海軍總司令部總司令辦公室上校主任

作戰地區：膠東掖縣

作戰起迄日期：36 年 11 月 8 日至 12 日

### 膠東剿匪戰役掖縣會戰

一、概述

（一）我軍兵力

　　　陸軍第八軍計軍部以下三個師：榮一師，一○三師及
　　　一六六師，合共官兵三六、○四五員，軍長李彌中將。

　　　海軍海防艦隊：長治、永續、永翔、咸寧四艦。

　　　空軍 27、28 兩個中隊。

（二）匪軍兵力

　　　膠東軍區司令部（許世友）轄解五師、解六師、警三旅、
　　　警五旅、龍口護航大隊、西海軍分區北海獨立團，日軍
　　　小林部隊等，合計員兵五○、六○○人。

二、會戰前之狀況

　　三十六年十一月三日第八軍在平度附近奉令向掖縣攻擊前
進，次日向沙河鎮附近集中。

　　五日占領虎頭岩，六日奉令配合政局之進展向龍口挺進並攻
佔之，六日匪數千人竄據掖縣以南山地及西北地區。

　　我海軍永續軍艦（艦長趙梅卿中校）、永翔軍艦（艦長祝科
崙中校）巡弋渤海待命協同作戰。十一月七日我匪戰鬥劇烈，我

軍傷亡團長以下官兵九百餘員，匪亦遺屍數百，並發現日人屍體數十具。

　　軍後方補給線受威脅，匪軍增員至七日廿二時止計增加三萬餘。

三、作戰經過

（一）會戰於八日開始。海軍永績、永翔兩艦於八日正午由渤海馳至虎頭岩海面，當即加入戰鬥，於下午二時向匪陣趴山及過埠孫家北側高地以艦砲連續發射數百發，斃匪甚夥，是晚永績巡弋海面警戒，永翔艦再向匪陣發砲轟擊，迄午夜匪砲沉寂，戰鬥暫時中止。

（二）九日我軍續向過埠孫家北側高地東端山頭反復衝殺爭奪，迄十二時卒將匪擊潰，確佔過埠孫家北側高地。
　　　我海軍永績、永翔兩艦在海廟附近海面以猛烈砲火向小溝、演武溝、泗河、朱縣姜家地區射擊，使匪死傷枕籍無法增援。

（三）十日軍之左翼已抵十里堡、王氏、徐家、上莊、劉家、崔家、小溝之線，並於上午八時開始向東攻擊，砲兵於六時起向十角廟、演武溝及掖縣以北砲擊。
　　　海防艦隊長劉孝鋆上校率長治、咸寧兩艦抵虎頭岩海面，當即率同永績、永翔等艦分別於拂曉時開始以猛烈之集中砲火轟擊張家高地北側，及掖縣西北地區之匪密集部隊使匪進退維谷，死傷慘重遺屍遍野。
　　　空軍青、濟兩地起飛之飛機自晨至暮輪番出動穿梭轟掃，使匪無法逃離戰場，遭受慘重損失。

（四）經數日之陸海空聯合猛攻後，掖縣附近之匪傷亡慘重，

遺屍遍野，於十日將其主力竄向掖縣東南山地，一部向
平里店方面逃去。

軍轄各師分別追擊後，撤回掖縣及十里舖地區。


四、檢討

（一）匪軍軍事方面

匪軍久駐山區，地形熟悉，補給品就地取材，控制人民，
奴役人民，對我軍之補給線施行截擊，造成嚴重威脅。

（二）我軍優缺點

我軍優點：部隊機械化進展迅速，海權在握，可利用海
　　　　　洋支援補給，海空軍火力旺大，聯繫確切。

我軍缺點：補給線西側之護衛兵力，未能早期使用空中
　　　　　兵力，陸海軍聯絡通信欠靈活。

（三）經驗教訓

近海地區之戰鬥，需要海陸軍聯合作戰，而作戰之指揮
尤須有靈活之通信。

戰爭首重補給線，第八軍之疾馳前進，如事先有詳盡之
海岸補給計劃，其戰果當更可觀。

（四）山東海陽撤退

● **王天池**
作戰時級職：海軍總部第三署上校作戰處長
撰寫時級職：海軍總司令部作戰計劃委員會少將主任
　　　　　委員

作戰地區：山東海陽
作戰起迄日期：36 年 11 月 23 日至 12 月 11 日

**參加海軍在海陽撤運陸軍整編第五十四師作戰心得報告**
一、概述

　　海陽撤退，為我海軍於抗戰勝利著手整建後，第一次大規模
海運任務，也是第一次海陸協同作戰最成功的範例，其所表現之
形式，固為一兩棲作戰再裝載行動，而其實施成果，則可與英國
在二次大戰中之敦克爾克撤退相媲美。是役我方海上指揮官為海
軍代總司令桂永清中將，率峨嵋、太康、長治、永順、中練、中
興、美樂、美亨、美宏九艦及合堅、合城、砲五、砲九等四艇，
另商輪五艘，與其他小型艇船十五艘，合計四四、○五六噸（見
附表一）。陸地指揮官為陸軍整編第五十四師師長闕漢騫中將，
轄整編第八旅、第卅六旅，合計員兵一五、六七○人，自十一月
廿三日起至十二月十一日止，共歷時十九天。撤運騾馬一、三五
○匹，榴砲四門，山砲十二門，卡車卅二輛，難民一、三○○
人，非戰鬥員一、六七○人，戰鬥部隊一四、○○○人（如附表
二）。其作戰經過概要如後述。

二、作戰前之狀況

　　陸軍整編第五十四師在膠東作戰中，自與整編第廿五師協力

攻佔煙台後，即續進牟平，並繼向威海攻擊前進，當進抵酒館集後，奉令折返萊陽，策應范家集之作戰。嗣後奉上級指示，以一團（第一〇六團）兵力守備萊陽，及留一九八旅仍在五龍河以東地區外，即以主力東進掃蕩匪區，於卅六年十一月六日進駐海陽，當晚被盤據該區之匪第十三縱隊所轄之卅七、卅八、卅九等三個師，及南海、北海兩獨立團，憑藉海陽外圍既設工事，向城區東、西、南三面圍攻，迫使該師無法進展。迄十一月廿三日止，相峙於皮子頭、黃山、二二〇高地、神童山、窰山之線，敵我態勢如附圖。

是年為我軍進行戡亂第二年，民心向順，士氣尚佳，國內外形勢均對我有利。海陽位處膠東，範圍甚小，原有居民約五千人，效忠政府，自匪軍一度盤據後，已成斷壁頹垣，城內僅餘婦孺五、六百人，郊區約千餘人，時值嚴冬，衣食兩缺，軍民均面臨艱困處境。

## 三、我軍作戰指導

海陽既不得進，匪軍向華北、華中流竄日廣，對青島外圍進迫企圖日顯，最高當局為活用戰力，決定將五十四師由海軍予以轉移，用以增防他區，於十一月廿一日上午九時召見海軍代總司令桂永清中將只示機宜，並命其即赴青島協商陸軍范副總司令漢傑，進行撤運措置。同日十二時桂代總司令偕國防部第三廳廳長羅澤闓，及海總部作戰處長王天池自京飛青，當晚與范副總司令及丁治磐司令、李覺組長等，檢討敵我形勢，會商撤運部署。

廿三日，桂代總司令偕有關人員自青島率峨嵋、美樂兩艦抵海陽，登岸與闞漢騫師長會商，並視察岸上形勢，與選擇登陸灘頭。廿四日綜合各方情況，決定撤運初步計劃如下：

（一）電令調集太康、中練、中建、美亨及合字艇二艘赴海陽
　　　候命。
（二）飭中興、永順及海校驅潛艇候令駛赴海陽。
（三）電請范副總司令調工兵門橋及操舟工具來海陽備用，
（四）請調商輪來海陽協助載運。
（五）不論五十四師由海運或向西出擊，其車輛、榴砲、騾馬、
　　　輜重等，均著手試行艦運。
　　　當日晚太康自青，美亨自威海，應調到達海陽。
　　　廿五日，續行偵查灘岸形勢，與選擇灘頭，中練艦自青島運
來橡皮舟十三個、門橋材料三付，及工兵第二團部隊一連，由中
練派兵冒風浪協同架設。午夜商輪新安、惠民、海列、中一〇五
號、海皖、海蘇、台南七艘，自青陸續到達候遣，夜十一時美亨
艦二等兵蘇金元因黑夜工作落海殉職。廿六日，桂代總司令偕范
副總司令登岸視察，並作最後撤離部署，此時陸上已築成石碼頭
橫亙海灘七十公尺，惟木質棧橋及門橋因風急浪高，屢建屢毀，
經召集全體艦長船主會商，決定登陸艦艇在海城東南高家莊附近
灘頭冒險試行直接搶灘，已期能安全接運部隊裝備。
　　　是晚永順艦抵達，令與太康艦分往海陽城左右翼掩護，至此
撤運部署，方正式完成。


四、作戰經過
　　　計劃準備既已完成，即執行搬運工作，其歷程如下：
　　　十一月廿七日，先在西碼頭以門橋作為渡筏，每次裝卡車二
輛，用小艇拖往登陸艦過駁，惟風急浪大，收效甚微，遂將門橋
固定岸邊作浮碼頭之用，以小型登陸艇合堅號乘漲潮迫近門橋，
將車輛經門橋上艇轉運中練艦上。當日駁運大卡車廿輛、榴砲

兩門。但以大型登陸艦泊地過遠，僅賴以小艇往返轉駁，勢必曠誤時機，入夜該艇因風大脫錨，幾至匪岸，且因錨鍊侵入車葉及舵，無法回航，幸經峨嵋二等兵張明生奮勇潛入海底解脫，方離險境。廿八日，以中型登陸艦美亨、美樂兩艦，向東灘冒險試行，乘潮直接登陸成功，美樂裝運騾運一六〇匹，非戰鬥人員約二〇〇人，美亨僅裝運騾馬十餘匹，非戰鬥人員一七〇名，該艦不幸艦底擦礁破洞，海水湧進，甚感危險，乃飭隨中練先返青島下卸修理，范副總司令亦隨同返青。

當日匪砲彈三發落西灘頭，入夜匪已察看我軍行撤運部署，自神童山向城區進攻，我太康艦以艦砲支援友軍反擊。

廿九日，長治艦由營口返青途經海陽，飭與太康、永順分往海陽正面及左右翼撤退掩護，合堅艇本日續運出卡車八輛，轉載海列輪，至此五十四師僅餘卡車二輛、榴砲二門，候最後隨作戰部隊撤退。

本日西灘頭及該區海面均落匪彈，我無損傷，入夜長治艦應友軍要求，對匪陣地東村、康山路、中房、石河、中村等處行掩護射擊，匪頗有死傷，同時具有裝馬設備之大型登陸艦中興號亦自青抵達海陽。

卅日，奉最高當局電示，五十四師只限運輸其輜重及非戰鬥人員，餘應向西出擊，當經桂代總司令就該師官兵意志與撤運準備情形電覆，並繼續施行原定工作。同日東灘方面之陸上指標與海上浮標均已設立，中興艦及合堅艇乘高潮直接搶灘，中興一次裝運馬四〇〇匹、馬伕四〇〇名，合堅一次運難民五〇〇餘人及其行李，均轉交商輪運青。

十二月一日范副總司令轉最高當局手示，五十四師應毅然向西出擊，萬不可由海上撤離，囑將現泊海陽商輪六艘，以四艘駛

煙台，餘二艘駛石臼所，分任緊急軍運。是日風浪特大，合堅艇在東灘觸礁沉擱，搶救未果，僅拆除其武器裝具。

二日，永順艦對海陽西柳樹莊、上房、中房匪陣地施行砲轟，戰果不詳。

三日，海陸指揮官再商撤運部署，中興艦第二次乘潮強行搶灘，續裝騾馬四五〇匹，馬伕及傷兵等非戰鬥員五〇〇餘名，及難民約三〇〇人迓運青島，五十四師仍奉令固守海陽，其陣地雖已構成，惟出擊力有不足。

四日，我長治艦射擊匪中心區之中村等地，迫使匪北退四十英里，至周村、官頂一帶，天寒大雪，雙方沉寂。

五日，中練艦行直接登陸，運出騾馬三五〇匹、馬伕四〇〇名，至此五十四師留在海陽者僅一四、〇〇〇餘人。

同日范副總司令來電，希望仍本對五十四師安全撤運青島之原則，於三天內依序撤出，如若不然，則留第八旅固守海陽，爾後依主力策應，由海上運青或由陸上向萊陽轉移，當即電請調商輪三艘來海陽，計劃一次駁運八、〇〇〇人交商輪運青，次一舉將留岸上掩護部隊六、〇〇〇人撤離。

另一旅依海軍掩護固守海陽，待機撤退，桂代總司令認為如撤離現有制高陣地，匪砲必可控制整個海陽，是將無法再行海運，電覆建議仍以全師一次搬運為適當方案。

七日，中興艦自青島回海陽，商輪海皖、中一〇五號，亦自青島航來候遣，決依預定計劃一次搬運，時五十四師之第卅六旅已集中城閣候運。

八日，海張輪自青島抵達，入晚中興輪乘夜潮作第三次直接登陸，接運官兵四、〇〇〇人及山砲三門、馬約廿匹，均改駁商輪中一〇五駛青，新安輪並於夜間抵達。

　　同日永順艦長陳在和因工作被浪擊落，受傷獲救。

　　九日，商輪永興到，中練艦乘午潮作第二次直接登陸，接運二、五〇〇人及以前留岸之榴砲二門、山砲九門、卡車二輛，均改駁於永興輪，五十四師另以機帆船四艘拖帶民船自西灘石碼頭澈夜運出二、〇〇〇餘人登新安輪，至是陸上僅餘掩護部隊約五、〇〇〇人。

　　同日中興艦觸礁底破進水，永順艦小汽艇被浪擊傾覆，該艦槍砲上士賴登杰、帆纜下士陳先昌、一等兵孫樹蘭等三名沉海殉職。

　　十日，中練艦乘正午高潮作第三次直接搶灘，因部隊行動較慢，顧慮敵前擱淺危險，僅裝運二、六〇〇人即退出，下午美宏登陸裝載七〇〇人，因潮落艦擱，放洩全船淡水後勉力退出。時岸上據點尚留官兵二、〇〇〇餘人，惟通信工具已撤盡，難已連絡，入夜匪數度進撲，我長治、太康、永順三艦澈夜以砲火支援，斃匪甚夥，五十四師亦傷官兵卅餘人。

　　十一日，晨七時將已撤往船上之通信機送返岸上恢復連絡，上午合城艇登陸撤運四〇〇人，美樂、美宏兩艦繼冒匪砲火衝登，並通知岸上守軍以烽火為號，將王舍山及一二〇高地與城中守軍一舉撤退。斯時我擔任掩護三艦，及美樂、美宏兩艦均同時以熾盛砲火構成嚴密火網阻匪隨後跟進，於一時四十五分掩護兩艦接運七〇〇人退出，並將工兵連及橡皮舟、門橋等拖至海中拆除裝船，時匪部隊已跟跡迫近，我合城艇更冒險作最後衝登，將到達灘頭之掩護部隊四〇〇餘人撤出，使全師安全完成撤退，時為二時五分。至二時廿分，匪部隊及其偵察人員均已出現海邊，我艦繼以熾烈火力掃射，迫匪回竄，同時艦隊及載運部隊之商輪亦啟航返青，此一艱鉅任務於焉完成。

五、戰鬥後狀況

　　本戰役結束後，其狀況如下：

（一）保安整編第五十四師全部戰力，及其人員裝備，未招致
　　　任何損害。

（二）五十四師於十二月十一日全部撤出海陽後，於十二月
　　　十二日即由青島北上增援萊陽作戰，迅赴事功。

（三）海軍艦隊得此一行動考驗，益增其戰志信心，奠定爾後
　　　歷次戰役與長江突圍之必勝意志。

（四）由於此次大規模撤退之成功，國內人士均交相讚譽，咸認
　　　我海軍已奠定建軍之初步基礎。

（五）是役我艦隊僅殉職士兵四人，友軍官兵負傷卅餘人，匪軍
　　　死傷不詳，估計受我艦隊砲火擊斃者約四〇〇餘人。

（六）全戰役計共撤出部隊一五、六七〇人，馬一、三五〇匹，
　　　砲一六門，卡車卅二輪，尤以海陽城區居民一、三〇〇
　　　餘人全部隨同撤離，更充分表示當時民之向背。


六、檢討

　　海陽戰役，五十四師能全部撤離，自仰賴於領袖德威之感
召，與艦隊全體官兵之冒險犯難，忠勇用命，及陸海之密切協調
合作，得以完成此艱巨之任務。而以我海軍當時建軍基礎未固，
與艦隊實力之微，憑藉革命精神與堅強意志，創此能與英敦克爾
克撤退媲美之輝煌戰績，尤為當時駐泊青島美、英海軍所注目，
惜以大局逆轉，功虧一簣，未能發揮其成果效用，殊堪遺憾。筆
者當時職為海總作戰處長，隨桂代總司令負全戰役策畫之責，就
個人實歷經驗，對此戰優劣有以下之評述：

（一）優點

1. 決心正確，自桂代總司令奉命策劃撤退海陽起，至全部完成撤出止，不論當時環境艱困如何，始終為海陽撤退盡其全力，並親鎮指揮。

2. 計劃週查，對灘頭選擇，撤運程序，支援掩護，均訂有詳密適切之計劃，致部隊雖然龐大，而撤退程序井然，未發生任何意外。

3. 海陸協調，海軍固竭其所能以救援友軍，充分表現其捨己為人之冒險犯難精神，而陸軍能遵守既定計劃，克服一切困難，如期完成撤離，未遺一兵一卒，實尤為可貴。

（二）缺點

1. 缺乏撤運經驗，設立初期遭遇若干重大之困難，延長撤運時間。

2. 駁運小艇缺乏，致迫使大型登陸艇冒險直接搶灘，而招致觸礁損害。

3. 陸海聯絡欠佳，部隊未完全撤離陸地，而所有通信工具均已運至船上。

4. 商船性能不夠，需要局部改裝方能適應作戰部隊之裝運任務。

（三）建議

　　根據海陽撤退經驗，我陸海軍應加強陸海通信連絡訓練，及貫輸聯合兩棲作戰之一般戰術與技能，並改裝商輪、預籌小艇，期於國軍未來反攻大陸作戰中，具有充分之適應能力，而雪我撤離海陽與大陸之恥。

## 附件（一）海軍在海陽灘頭撤離陸軍整編第五十四師使用艦船噸位及任務概要表

| 艦名 | 類別 | 噸位 | 任務概要 |
|---|---|---|---|
| 峨嵋 | 補給修理艦 | 15,000 | 一、補給各艦艇油料、淡水之補給與機件修理<br>二、任指揮艦 |
| 太康 | 護航驅逐艦 | 1,400 | 擔任對友軍艦砲支援，並掩護部隊撤運 |
| 長治 | 輕型驅逐艦 | 1,400 | |
| 永順 | 掃佈雷艦 | 864 | |
| 中練 | 大型登陸艦 | 3,800 | 撤運卡車2輛、榴砲2門、山砲9門、驟馬350匹、非戰鬥員400人、難民500人、戰鬥部隊5,100人 |
| 中興 | 大型登陸艦 | 3,777 | 撤運山砲3門、驟馬870匹、非戰鬥員900人、難民300人、戰鬥部隊4,000人 |
| 美樂 | 中型登陸艦 | 912 | 撤運驟馬160匹、非戰鬥員200人、戰鬥部隊700人 |
| 美亨 | 中型登陸艦 | 912 | 撤運驟馬10匹、非戰鬥員170人 |
| 美宏 | 中型登陸艦 | 912 | 撤運戰鬥部隊1,400人 |
| 合堅 | 小型登陸艇 | 279 | 撤運卡車28輛、榴砲2門 |
| 合城 | 小型登陸艇 | 279 | 撤運戰鬥部隊800人 |
| 第五號砲艇 | 小艇 | 130 | 擔任交通聯絡及協助掩護警戒 |
| 第九號砲艇 | 小艇 | 150 | |
| 新安 | 商輪 | 969 | 運輸部隊 |
| 海皖 | 商輪 | 2,646 | |
| 中105 | 登陸艇 | 3,326 | |
| 海張 | 商輪 | 10,000 | |
| 永興 | 商輪 | 6,700 | |
| 其他小艇 | 機帆船民船 | 約600 | 撤運戰鬥部隊2,000餘人，並協助交通聯絡 |
| 合計 | 艦艇13艘<br>商船5艘<br>其他小型艇15艘 | 44,056 | 撤運驟馬1,350匹、榴砲4門、山砲12門、卡車32輛、難民1,300人、非戰鬥員1,670人、戰鬥部隊14,000人 |

備註：
（一）永順艦艦長因公墜海受傷，士兵3名受浪擊艇覆殉職。
（二）中興艦艦底觸礁破洞。
（三）美亨艦士兵1名落海殉職，艦底觸礁破洞先返青修理。

## 附件（二）海軍在海陽灘頭撤離陸軍整編第五十四師人馬輜重表

三六年十二月十一日

| 名稱　　艦艇　月日 | 榴砲 | 車輛 | 山砲 | 騾馬 | 難民 | 非戰鬥人員 | 戰鬥部隊 |
|---|---|---|---|---|---|---|---|
| 合堅　11/27 | 2 | 28 | | | | | |
| 美樂　11/28 | | | | 160 | | 200 | |
| 美亨　11/28 | | | | 10 | | 170 | |
| 中練　11/28 | | | | | 500 | | |
| 合堅　11/29 | | | | | | | |
| 中興　11/30 | | | | 400 | | 400 | |
| 合堅　11/30 | | | | | 500 | | |
| 中興　12/3 | | | | 450 | 300 | 500 | |
| 中練　12/4 | | | | 350 | | 400 | |
| 中興　12/8 | | | 3 | 20 | | | 4,000 |
| 中練　12/9 | 2 | 2 | 9 | | | | 2,500 |
| 各小艇　12/9 | | | | | | | 2,000 |
| 中練　12/10 | | | | | | | 2,600 |
| 美宏　12/10 | | | | | | | 700 |
| 美宏　12/11 | | | | | | | 700 |
| 美樂　12/11 | | | | | | | 700 |
| 合城　12/11 | | | | | | | 800 |
| 合計 | 4 | 30 | 12 | 1,390 | 1,300 | 1,670 | 14,000 |

● **王雨山**
**作戰時級職：海軍美樂軍艦上尉艦長**
**撰寫時級職：海軍六二特遣部隊指揮部上校作戰組組長**

作戰地區：山東海陽
作戰起迄日期：36 年 11 月至 12 月

**參加海陽國軍轉進之役報告**
一、概述

　　民國卅六年十一月，膠東剿匪戰事稍受頓挫，闕漢騫將軍所部退守海陽背海而戰，經層峰決定，由海運轉進，並由桂上將親率艦實施，先後凡十有餘日，圓滿達成任務。該時本人任美樂軍艦艦長，先後直接登陸三次，計撤運人員三百餘、馬匹四十餘，並安全運送青島。惜無詳細記載，印象模糊，故今所述，僅就記憶所及者。

二、作戰前之狀況

　　不詳。

三、我軍作戰指導

　　桂上將親率艦隊指揮，駐節峨嵋軍艦，由各級登陸艇及徵租商船若干艘負責撤運，並由太字級及永字級軍艦支援掩護，詳細計劃部署未奉頒，不詳。

四、作戰經過

　　我艦初擔任由灘頭至商船間之駁運任務，間有馬匹則直接運

返青島，並擔任撤退最後一批掩護部隊，當此部隊撤運至艦，匪軍已尾隨而來。惟其所攜用者僅為輕型武器，故本艦得以艦首四公分砲予以制壓，安全撤離。

五、戰鬥後狀況

國軍安全轉進，我無傷亡。

六、檢討

無。

## ● 徐集霖
### 作戰時級職：海軍太康軍艦少校副長
### 撰寫時級職：海軍上校

作戰地區：海陽

作戰起迄日期：36 年 11 月

### 剿匪戡亂作戰心得報告

本報告係對膠東戰役、海陽戰役作戰心得之補述，兩戰役期間，余均任太康軍艦副長，以歷時過久，經過詳情已不可能全部追記。

當時匪尚無海空軍部隊，兩戰役均為我陸海協同作戰，我空軍部隊未參加，亦無海空協同作戰。

### 海陽戰役－民國三十六年十一月

本戰役為協助五十四軍自海陽向青島轉進。

是役太康艦為掩護撤退艦，整個撤退過程中，雖有陸海軍人員接觸協調連繫，但限於陸海軍通信裝備限制，未能建立靈活之無線電話報共波網，使協調支援更能綿密有效。

撤退灘頭之秩序、指揮等均不如現在灘勤組織確實有效，事先亦無週詳之計劃，但由於匪部隊行動不積極，且無海空軍妨礙，故仍能使第五十四軍安全撤退至青島。

右述各項缺點隨時間之進展而改進，故後於大陳撤退、南麂撤退時均有綿密之計劃協調，有秩序之撤退，且對匪海空軍有週密之戒備。

## ● 梁序昭
### 作戰時級職：海軍峨嵋軍艦上校艦長
### 撰寫時級職：海軍總司令部二級上將總司令

作戰地區：山東海陽

作戰起迄日期：36 年 11 月 23 日至 12 月 11 日

### 概述

一、我軍兵力

    1. 海上指揮官：海軍代總司令桂永清中將

       旗艦－峨嵋軍艦

       作戰艦艇：太康、長治、永順、砲五號、砲九號

       運輸艦艇：中練、中興、美樂、美亨、美宏、合堅、合城

       運輸商船：新安、海皖、中 105 號、海張、永興、小型

       艇船十五艘

    2. 陸上指揮官：陸軍整編第五十四師師長闕漢騫中將

       陸軍整編第五十四師轄：整編第八旅、整編第卅六旅

二、匪軍兵力

    匪第十三縱隊轄：卅七、卅八、卅九，三個師，南海、北海

    兩獨立團

### 作戰前之狀況

    民國三十六年十月國軍整編第五十四師在膠東沿海一帶掃蕩匪區，經海軍艦隊之有力支援，於十一月六日進駐海陽，匪憑藉外圍既設工事，向匪城區東、西、南三面圍攻，以優勢之兵力，迫使國軍無法進展。該城週圍三面依山，一面瀕海，灘岸地形險

阻，暗礁遍佈，陸上既難推展，海上轉進亦至為艱鉅，當時匪軍
向華北、華中流竄日廣，對青島外圍進迫企圖日顯，我最高當局
為活用兵力爭取主動，決定海陽撤守，將五十四師由海上轉進，
以增強主要戰區之兵力。是年十一月海軍代總司令桂永清，秉承
最高當局指示，駐節峨嵋旗艦指揮海陽戰役之軍事行動，該旗艦
艦長梁序昭奉命贊襄策劃敵前海運撤退所有工作。

## 我軍作戰指導

　　民國三十六年十一月廿三日，海軍代總司令桂永清，駐節峨
嵋旗艦，峨嵋艦長梁序昭，秉承命令率美樂登陸艦駛抵海陽港，
當時城內守軍，正與匪軍第十三縱隊所轄之卅六、卅七、卅九等
三個師及南海、北海兩獨立團，相持於皮子頭、黃山、神童山、
窑山一帶，砲戰激烈。峨嵋艦拋錨後，桂代總司令，即換乘小艇
登岸，入城勘察，並與守軍師長闞漢騫檢討戰況，會商撤運部
署，決定車輛、巨砲及不需用輜重，以及軍需物資，試行艦運，
調商輪協助載運，並電促陸軍總部調工兵門橋及操舟工具等前來
海陽備用。廿四日太康、美亨兩艦分別自青島、威海衛兩地，應
調到達海陽。

　　廿五日中練登陸艦自青島載來工兵部隊一連，及橡皮艇、門
橋材料等，並由該艦協同架設，晚十二時，商輪七艘由青島陸續
開到，錨泊距岸十華里以外待命。

　　廿六日桂代總司令率峨嵋艦長梁序昭及有關人員登陸視察，
作最後撤退部署，當晚召集峨嵋艦長梁序昭暨各商船船長，討論
海上撤退之有關技術問題，決定先派美亨、美樂兩艦駛往海陽港
東南方面高家莊附近，詳細勘測灘頭，試行直接搶灘，以期安全
接運。當晚永順艦抵海陽，即與太康艦分任海陽左右翼，陸上友

軍之砲火支援任務，撤運部署方告完成。

## 作戰經過

　　十一月廿七日，海軍艦艇本百折不撓之堅毅精神展開撤運工作，將門橋固定岸邊，作浮碼頭之用，以小型登陸艇合堅號乘高潮之時，迫近門橋，將車輛經由門橋上艇，再由小型登陸艇轉運中練登陸艦。

　　廿八日晨，美亨、美樂兩登陸艦，乘潮水高漲搶灘後，隨載上大批馬匹與非戰鬥人員，安全撤出。上午十一時，匪為阻撓我方撤運工作，不斷向西攤海面發砲轟擊，幸是時東灘已順利登陸，未受阻撓。晚天候惡化，海上風浪洶湧，擔任轉駁車輛之小型登陸艇一艘，竟告脫錨漂流，峨嵋旗艦艦長梁序昭立即選派幹練官兵，前往搶救脫險，繼續使用，同時海陽外圍匪軍，瘋狂砲擊，我艦艇當以密集砲火支援友軍反擊。

　　廿九日所有卡車、重砲，大部分撤運完成，所餘僅騾馬與五十四師作戰部隊。長治軍艦途經海陽，即參加撤退掩護，以熾烈砲火，向匪軍東村、涼山、中房、西河、中村一帶陣地施行轟擊，匪頗有傷亡，中興登陸艦亦自青島駛達海陽。

　　三十日東灘海面，各項安全撤運部署均告完成，陸上標誌及海上避碰浮標均已設置，峨嵋艦長梁序昭當率領有關人員登上灘頭，指揮各型登陸艦，把握高潮時間進行撤運工作，自午後四時至六時，中興登陸艦一次裝運騾馬四百餘匹、馬伕四百餘名，合堅登陸艇亦駁運義民五百餘人。

　　十二月一日天候突變，波濤洶湧，合堅登陸艇於東灘觸礁沉擱，為確保艦艇安全，撤運工作暫告停止。此時停泊海陽港外之商輪六艘，因另有任務分別他駛。二日氣候仍未好轉，太康艦以

艦砲向海陽西面，柳樹莊、上部、中房一帶匪軍陣地施行轟擊，粉碎匪軍集結兵力之企圖。

三日上午海陸雙方在峨嵋旗艦舉行匪情研討會議，並續商撤運部署。午後天候轉晴，中興登陸艦再撤出騾馬、輜重與非戰鬥人員一批及義民三百人，轉運青島。四日，海陽外圍匪軍，由於連日遭受艦砲轟擊，中村一線傷亡枕藉，迫使匪軍北退四十華里，轉移陣地至周村、官頂一帶，海陽戰局稍趨和緩。

五日，寒流侵襲海陽，大雪紛飛，中練登陸艦順利搶灘，撤出最後一批騾馬、輜重及人員，至是五十四師留在海陽者僅一萬四千餘人。

六日，徵調商輪，限七、八兩日從各方駛達海陽，另自連雲港，調來合字型283號小型登陸艇一艘，及各種運輸工具，按照預定計劃，實施陸上戰鬥部隊全面海運。

七日，中興艦自青島回海陽，商輪海皖、中105號亦自青島航來候遣，時五十四師之卅六旅已集中城關待運。

八日，海張輪自青島抵達，入晚中興輪乘夜潮作第三次登陸，接運官兵四千人及山砲三門、馬廿匹，改駁商輪中105號駛青，新安輪亦於夜間抵達。

九日，商輪永興到，中練登陸艦再度搶灘，撤出官兵三千餘人，及輕重武器、卡車等改駁永興輪，入夜用小型機帆船，續撤出官兵二千餘人登新安輪。

當日午後，撤運工作正加緊進行中，由於天候突變，狂風暴雨大作，海上波濤洶湧，永順軍艦小汽艇一艘，載官兵十二人，被浪擊進水傾覆，艇上官兵在浪湧中飄流半小時，旋由第五號砲艇，冒險出發，救出九人，尚有槍砲上士賴登杰、下士陳元昌、一等兵孫樹蘭等三人，不幸沉海殉職。

　　十日，中練登陸艦乘高潮作第三度搶灘，於裝載二千六百人後，恐敵前擱淺，即行退出灘頭，旋美宏登陸艦，亦搶灘滿載士兵七百餘人，時潮水已將落盡，船身因超出載量而擱淺，經官兵奮勇努力，駛離東灘。是時岸上待撤部隊上有二千餘人，雖派合字型登陸艇，三度衝登，以水淺無法靠岸，同時天際一片昏黑，不能繼續工作，遂告中止。

　　入夜匪向我之舍山高地，及城內守軍之殿後部隊，數度進撲，我守軍始終距守陣地，屹立不動，同時在海陽港外之我長治、太康、永順三艦澈夜以猛烈砲火，支援友軍作戰，斃匪甚眾，匪軍遂告全面潰退。

　　十一日，為海陽敵前轉進最後一日。午前十時，美宏登陸艦順利搶灘，撤出部隊官兵四百餘人。十一時半，潮水續漲，美樂、美宏兩登陸艦再度搶灘，當時由於岸上我殿後部隊，漸向岸邊移動，匪砲射程已到達灘頭。我作戰艦艇，聯合灘頭之美樂、美宏兩艦，發砲還擊，阻匪迫近，一面轉知守軍殿後部隊，迅速撤離登艦。十三時四十五分，兩艦各載滿官兵七百人，安全退出，合城登陸艇在瀰天烽火中冒險執行最後一次登陸，將掩護守軍轉進之敢死隊官兵四百人全部撤出，達成整個敵前海運任務。

### 戰鬥後狀況

一、五十四師全部撤出海陽後，即於十二月十二日由青島北上增
　　援萊陽，達成主動轉用兵力之要求。

二、是役海軍艦艇僅殉職士兵四人，陸軍官兵負傷卅餘人，匪軍
　　死傷不詳，估計被我艦隊砲火擊斃者近四百餘眾。

三、是役峨嵋艦長梁序昭除參贊戎機外，並親在灘岸佈置轉運設
　　施，並數度親率登陸艦艇執行撤運工作至最後一日。

四、全戰役共撤出部隊一萬五千六百七十人，馬一千三百五十
　　匹，砲一六門，卡車卅二輛，海陽義民一千三百人亦隨同時
　　撤離前往青島。

## 檢討

　　海陽戰役為我海軍空前完成大規模之海運任務，此一艱鉅之
敵前撤退，茲就當時實際參與此一撤運行動，檢討其優劣點如後。

一、優點

　　1. 計劃週到，部署綿密，以實地勘察戰地狀況，不斷檢討撤
　　　　運技術，故雖受天候、地形、運輸工具等種種困難之影
　　　　響，仍能按照計劃適時達成敵前撤退之任務。

　　2. 海陸雙方協調完滿，海軍作戰艦艇不分晝夜巡邏警戒，並
　　　　以艦砲支援陸軍，掩護撤退，運輸艦艇破除萬難，不畏艱
　　　　險，實施直接搶灘，增速撤退效能，陸軍部隊能確切明瞭
　　　　撤運部署，與海軍兵力之運用，遵守既定計劃，克服一切
　　　　困難，依序撤退，不遺一兵一卒，實屬難能可貴。

　　3. 是役敵前撤退之工作經驗堪為此後兩棲作戰之參考。

二、缺點

　　1. 駁運小艇數量不夠，迫令大型登陸艇於敵前直接搶灘，
　　　　招致觸礁傷損。

　　2. 商船未予局部改裝，未能充分適應作戰部隊裝載之需要。

　　3. 通信設備不夠，尤其陸海軍之通信聯絡未見靈活，影響
　　　　作戰。

## 附表一　烈士姓名調查表

| 烈士姓名 | 級職 | 所屬部隊 | 殉國 | | | 備考 |
|---|---|---|---|---|---|---|
| | | | 戰役名稱 | 年月日 | 地點 | |
| 蘇金元 | 二等兵 | 美亨軍艦 | 海陽戰役 | 36.11.25 | 山東海陽港 | 工作中失足落海溺斃 |
| 賴登杰 | 槍砲上士 | 永順軍艦 | 海陽戰役 | 36.12.8 | 山東海陽港 | 在小汽艇上工作，因暴風傾覆飄流殉職 |
| 陳元昌 | 帆纜下士 | | | | | |
| 孫樹蘭 | 一等兵 | | | | | |

匪我態勢

海陽地區本軍掩護五四師撤退部署要圖

中華民國三十六年十二月

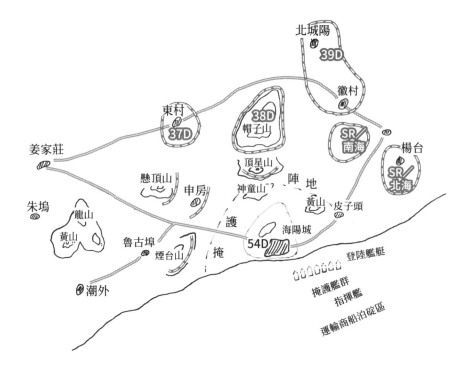

## ● 桂光誠
### 作戰時級職：海軍總司令部陸軍少校侍從參謀
### 撰寫時級職：海軍總司令部總務處陸軍上校副處長

作戰地區：山東海陽

作戰起迄日期：36 年 11 月 23 日至 12 月 11 日

### 戡亂海陽戰役

一、概述

　　海軍奉命於卅六年冬在山東海陽將陸軍整編五十四師全部兵力裝備自海上撤運轉進以增進主要戰區之兵力，全期作戰時間自十一月廿三日起至十二月十一日止，在天候寒冷的雨雪紛飛惡劣地區中，全軍上下一致用命，在海軍代總司令桂永清中將親鎮指揮之下圓滿達成任務，此役實創海軍空前之戰功，亦為新海軍建立獲得有力之佐證。筆者當時任職海軍代總司令桂中將之陸軍少校侍從參謀，侍從總司令親歷全般經過，更目睹海軍官兵不辭勞苦與不惜犧牲生命冒死搶救陸軍同袍，其忠勇奮發之精神與可歌可泣之事蹟，至今猶不能忘懷。筆者出身陸軍，有幸參與是役，確已認清海軍官兵能在驚濤駭浪中沉著應戰，實可培成臨難不苟犧牲之精神，至其能克服惡劣之天候與嚴重之機械故障，非具有忠勇用命咬牙切齒之決心，不能為功。如此浩瀚海洋，真是非常事業，謹將作戰經過中所能記憶者，報告如次。

二、作戰前之狀況

　　陸軍整編第五十四師自與整編廿五師協力攻佔煙台後，繼續向牟平、威海衛攻進前進。嗣後又奉上級指示，陸軍整編五十四

師於卅六年十一月六日進駐海陽，當晚被匪第十三縱隊所轄之卅七、卅八、卅九，三個師，及南海、北海兩獨立團，憑藉海陽外圍既設工事，從東、西、北三方面向我軍圍攻，企圖以大吃小達成圍攻殲滅之戰果，當時我軍整編五十四師（欠一旅，僅八旅和卅六旅）處於三面受敵一面負水之形勢下，進退兩難，非有賴於海軍之支援作戰無法解除危局。

三、作戰指導及其經過

　　海陽既處於危局，而匪軍亦復企圖進迫青島，最高當局乃決心將五十四師由海上轉移，用以增強其他地區兵力，於十一月廿一日上午九時召見海軍代總司令桂永清中將，指示機宜。同日十二時即偕國防部三廳羅廳長、海總部作戰處王處長等隨員自京飛青，當晚與范副總司令等檢討敵我形勢，會商撤運部署。廿三日總司令率有關人員乘峨嵋旗艦並率美樂艦自青島抵達海陽，旋即登岸晤闕師長，巡視敵我形勢以及居民狀況，當時有孤兒汪紀俊者，年八歲，以天寒曬太陽於民房牆角邊，其狀至為寒苦，然其容貌白晰，總司令撫其頂再三垂詢，愛其有膽識，不忍留為匪徒摧殘，囑隨員妥為照料，帶返峨嵋，並為其改名為「海陽」，現該汪兒已在台海軍子弟學校畢業，近復相見，已長大成人，問其志曰：「高中畢業後將投效海軍軍官校」，汪海陽殆亦幸運兒，其將不能忘本，終生報效海軍乎！余深以其志可嘉，故於此略述數語，以誌不忘。廿四日，綜合各方情況決定撤運，初步計劃，分別電令調集各型艦艇到達海陽待命。廿五日夜十一時美亨艦二等兵蘇金元黑夜工作落海，總司令囑派小艇探照燈在海面上巡迴搜索未獲，總司令以其殉職，端坐默然者良久。廿六日總司令偕范副總司令等登岸視察，作最後撤運工作之佈署，當晚太

康、永順抵達分任左右翼掩護支援任務。廿七日在西灘頭以門橋作渡筏，以合堅艇乘高潮迫近門橋，將車輛經門橋上艇轉運中練艦上。廿八日美亨、美樂兩艦在東灘頭登陸轉運騾馬及非戰鬥人員。廿九日長治艦參加掩護支援任務，以猛烈砲火向匪軍東村等地轟擊，頗有傷亡。廿九日以後至十二月一日，風浪特大，合堅艇在東海灘觸礁，搶救未果，僅能拆回其武器裝。十二月六日范副總司令電飭令闞師長於當日率師部及兩個團由海運赴青，另一旅由海軍支援固守海陽待機撤退，我總司令認為不可，如撤離現有制高陣地，匪砲必可控制整個海灘，勢將無法再行撤運工作，必須一次撤運為宜。十二月九日，永順艦小艇由峨嵋補給後，返艦途中遇大風浪傾覆，官兵十二人落海與風浪搏鬥，總司令囑派第五號砲艇冒險搶救，九人出險，尚有槍砲上士賴登杰、下士陳元昌、一等兵孫樹蘭等三人，不幸沉海殉職，總司令為此未進晚餐，終夜不眠，至為哀悼。五號艇長闞上尉固以其有冒險犯難之精神，始能達成任務，然其海勤經驗之豐富誠非一般紙上談兵者所能勝任，茲闞上尉近十年不相見，願闞上尉英勇事蹟長留青史。十二月十一日為撤運工作之最後一天，匪軍部隊已迫近海灘，合城艇冒最大危機將我掩護部隊約四百人作最後之撤離，圓滿達成任務，總司令以合城艇陳艇長之英雄果敢行為，深為新海軍事業前途光明而顯露愉快之笑容，因為新海軍之建立，必須在冒險犯難中接受考驗，必須在戰鬥中才能長成。

四、戰鬥後狀況

　　是役圓滿達成任務，將五十四師全部兵力安全撤離，並能迅即增援其他戰區，計撤出部隊一五、六七〇人，馬四一、三五〇匹，砲一六門，卡車三十二輛，又義民一、三〇〇餘人撤運青

島。關於撤運義民工作，總司令曾率隨員等連日在灘頭扶老攜幼，協助登艇，義民多為海軍救人工作熱忱而滿懷興奮感激流淚，有海軍集合字艇下士某，固海陽人氏，然其離家已六載，父母雙親生死未卜，因任務在身不能離艇登岸探視消息，甫於該艇滿載義民撤離灘頭之際，發現雙親赫然在艇，相見之下熱淚盈眶，真是人間一椿可歌可泣一大喜事。總司令囑將闕師長所送之煮熟紅薯一籃贈送之，並妥送中字號艇轉送青島，爰補記於此，願天下善良者必有此遭遇，反攻大陸有厚望焉。

## 五、檢討

　　海陽戰役之圓滿達成任務，實仰賴領袖德威之感召，得使全體官兵能夠冒險犯難具有達成任務之信心，發揮革命軍人之犧牲精神有以致之。是役筆者雖不參與作戰計劃之策訂，然親身經歷冒險犯難無役不在，謹就此役戰後檢討其優缺點，聊備一得知愚，分述如次。

（一）優點

　　1. 徹底奉行命令：總司令奉命後即策劃撤運方針，並明示以次各指揮官決心，以不畏難精神轉告全體官兵全力以赴，革命軍人以達成任務為光榮，故海軍官兵均能克服任何困難迅赴事功。

　　2. 海陸協調圓滿：五十四軍全體官兵撤退心情相當沉重，而海軍官兵更能冒死前來相救，彼此之間，同生死共患難，因此五十四師官兵撤離登艦後，秩序井然，依照原定計劃進行得以順利完成任務，其間協調圓滿真是戰史上難得之一頁。

（二）缺點

    1. 撤運經驗不夠：海軍初次負擔撤運任務，如人員裝載計劃未盡週詳，和灘頭地形勘查不夠確實，影響艦艇裝載與搶灘。

    2. 通信設備不夠：艦艇通信設備不夠完善，以致通信指揮時生困難，尤以海陸友軍間聯絡更未見靈活。

（三）建議

    依據海陽戰役遭遇之困難，在現階段兩棲訓練進步情況之下，均已迎刃而解，獲得安排，但當時冒險犯難犧牲奮鬥、澈底奉行上級命令之革命精神，仍應繼續發揚光大。

● **董沐曾**

**作戰時級職：海軍第二基地司令部代將司令**

**撰寫時級職：海軍總司令部作戰計劃委員會少將委員**

作戰地區：青島

作戰起迄日期：36 年 11 月至 12 月

### 海陽戰役

（一）概述

　　海陽位於青島之東北，卅六年間為本軍第二基地司令部及海防第一艦隊之防區，當時沐曾任第二基地司令，並因海防第一艦隊上校艦隊長劉孝鋆奉令回京述職未返，適軍事緊急，艦隊指揮亦奉派由沐曾負責暫代。

（二）作戰前之狀況

　　卅六年九月上旬，我美益、美亨、海城、海豐等四艦艇對石島、海陽實施封鎖，其後太康、永寧兩艦並對該兩地突擊，同月十三日永續、長治、永順等艦集結於萊州灣，協助第八師自羊角溝攻越虎頭崖、掖縣收復龍口，旋又收復蓬萊。當時我太康、永寧、永泰、永順等艦即嚴密封鎖自長山島經煙台至威海衛一帶海面，斷匪海上增援及退卻路線。十月一日集中砲火擊潰煙台匪軍，掩護五十四師進佔煙台，該師旋復進據海陽地區。

（三）作戰經過

　　我五十四師進駐海陽後，為時甚短，即被匪包圍，情況危急，當時海陽海岸素無碼頭設備，沿岸水淺礁多，如由海面撤

退，確屬困難。在此情況之下，我前總司令桂故上將於十一月廿三日先後會飭調遣峨嵋、太康、長治、永順、中練、中興、美樂、美亨、美宏、合堅、合城及五號、九號等艦艇，並在青島徵集商輪五艘，冒著惡劣嚴寒的天氣與風浪，從事撤退工作。

（四）戰鬥後狀況

此役海陽雖然陷匪，惟如此困難的撤退工作，經時逾旬，始完成救出友軍一萬八千餘戰鬥人員，及騾馬、輜重、車輛、彈藥全部安全由敵前轉進，並撤出難民一千三百餘人

（五）檢討

此次戰鬥就海軍而言，可說是一件艱巨困難的工作，因為就當時海陽海面的情勢來說，不論是天候地形與敵我態勢而言，我方非常不利，而此任務之能達成，完全由於指揮權統一，後勤支援適切，與士氣高昂，萬眾一心之所致。由此戰後，我們獲得了一個寶貴的經驗，就是只要有高昂的士氣，萬眾一心的聽信上級命令，是沒有達不成任務的。

## ● 范辛望
**作戰時級職：海軍中興軍艦中校艦長**
**撰寫時級職：海軍第一軍區司令部上校參謀長**

作戰地區：山東海陽
作戰起迄日期：36 年 11 月 10 日至 12 月 6 日

### 戡亂海陽戰役

　　抗戰勝利之初，政府方從事軍隊之整編，流亡之安輯，民主憲政之實施；朱毛匪幫則背道而馳，擴大叛亂，「以武裝力量，做政爭工具」，防礙政府對領土主權之完整接收，不惜與國家民族為敵，自絕於國人，其依恃外力，武裝叛亂，國家民族橫遭摧殘蹂躪。海軍負國家國防之重寄，與數十年相從國民革命艱難締造之成就，遭遇破壞，不得不毅然進討。時於三十六年十一月十日，山東海陽被匪圍攻，我五十四軍受困，急待安全撤離，故前海軍總司令桂永清上將奉令後，即派海軍艦隊中興、中練、峨嵋、太康、美樂、美亨、美宏、合堅、合城及五號、九號等艦艇，親自率領，擔任該項任務。是時余任中興軍艦艦長，為達成任務計，率領全艦官兵，遵照上級計劃指示，在一週內冒地形、天候、工具之惡劣情況，不畏艱辛，晝夜在敵前強行登陸撤運，完成友軍戰鬥人員一萬八千餘員名，及騾馬、輜重、車輛、彈藥全部安全敵前轉進，並救護難民數千人，此役圓滿達成上級所負任務，因功余曾獲六等雲麾勳獎。

　　是役檢討，我五十四軍三面被匪層層包圍，一面背水，若由陸地突圍轉進，不但攻打費時，則冒有極大危險及不必要損失和

犧牲，最高當局有見如此，特令海軍派艦隊前往支援，協同友軍背水作戰。終因我海軍力量雖大，獲得輝煌戰果，使該軍在敵前全部安全轉進，並救護難民數千人，保全國家力量，而發揮海軍備有之特性。

● **謝克武**
**作戰時級職：海軍美亨軍艦少校艦長**
**撰寫時級職：海軍上校**

作戰地區：膠東

作戰起迄日期：36 年 11 月至 12 月

### 膠東會戰－海陽轉進作戰

1. 兵力：美亨艦（峨嵋、太康、永順、美樂、美宏、中練、
   LCT X3、中基）
2. 任務：勘測灘頭，撤運部隊。
3. 敵情概要：我膠東作戰友軍，退據海陽，遭優勢匪軍包圍。
4. 經過概要

　　十一月廿三日獲第一艦隊參謀主任王恩華將軍電令：「速駛
海陽向峨嵋艦報到，沿途捕捉民船帶海陽」，乃自威海駛向海
陽，於清海衛附近捕獲帆船一艘，押往海陽。廿五日抵達，奉命
於海陽西側錨泊。廿六日晚，桂總司令於峨嵋召急會議，始知係
撤運部隊，當時與會者有第一兵團司令范漢傑及海軍各艦長，會
中范司令提出友軍決放棄海陽東側，固守縣城高地，於西側灘頭
撤運，然困難者，友軍於西側以千餘人築碼頭已十二日，最遠
二百公尺，美字號高潮尚不能接近，至少尚差一百公尺始可，但
此時期恐陸軍無法固守。余雖位卑職低，不忍見三萬大軍為匪所
殲，乃請范長官修正決心，放棄已築之碼頭，利用東側海灘。桂
總司令責斥妄言，余堅請前峨嵋艦長、今日總司令梁上將取海圖
以澄余說，余理由有二，一為海陽東側無須碼頭，LST 亦可搶
灘裝載，另一海陽西側無地障，僅扼高地，不足掩護灘頭，唯東

側有河流，配合縣城高地可保灘頭。後證實無誣，范長官立即變更決心，桂總司令命余連夜部署灘頭航道，不幸余艦自西側轉過石嘴時，於峨嵋艦側觸不明暗礁，連夜堵漏，次日仍完成任務，登陸裝載馬匹百餘、官兵數百，但因再度搶灘，艦底裂口加大，進水更劇，後奉命隨中練艦返青修理，途中氣候轉劣，艦首下沉五呎，桂總司令電令棄艦，余仍堅持維持至最後，經全艦官兵努力，安全返青島入塢，艦底破裂長 75 呎、寬 12 呎，竟未沉沒，亦天意歟。

● **楊松泉**
**作戰時級職：海軍美樂軍艦上尉副長**
**撰寫時級職：海軍太湖軍艦上校艦長**

作戰地區：山東海陽海面
作戰起迄日期：36 年 12 月

## 戡亂海陽戰役

一、概述

　　海軍美樂軍艦係三十五年六月十二日於青島接收之美援中型登陸艦，成軍時編制計官長八員，士兵五十八員，首任艦長為王雨山上尉，裝備計有雙聯裝四公分砲乙座、二公分砲四門及一・三公分機槍七門，參加本戰役時，受海軍代總司令桂永清中將直接指揮

二、作戰前之狀況

　　三十六年十月中旬，我整五四師由煙台南下，掃蕩棲霞附近殘匪，續向水溝頭附近掃蕩前進，十月二十五日於夏格莊斃匪數百名。十一月初追剿匪軍至海陽時，為優勢匪軍第 130 師及膠東軍區部隊圍困，國軍以整 76B／9D 及整 198B／54D 前往增援，進至橋頭、金口附近，被匪分別包圍。此時整 54 師主力因不明匪情，始終未敢出擊，迨整 76B／9D 及整 198B／54D 與匪激戰至十二月二日，始於金口會師，但已無力續向海陽前往，整 54 師主力，遂由我海軍撤運至青島。

三、我軍作戰指導

（一）以作戰艦艇砲火掩護登陸艦艇撤運。

（二）以登陸艦艇直接搶灘撤運部隊及裝備。


四、作戰經過

（一）桂代總司令親率峨嵋艦於三十六年十二月初旬，駛泊海
陽海面，親自指揮海上撤運事宜。

（二）太康、長治、永順三艦任砲火掩護艦，晝夜以砲火掩護
友軍部隊於海陽灘頭撤運。

（三）中興、中練、美樂、美宏、美亨及合城、合貞諸登陸艦
艇，均直接登陸灘頭撤運人馬，美樂軍艦計直接登陸二
次，第二次係與合城登陸艇撤運最後部隊，離灘時匪軍已
進迫灘頭，乃以二公分砲制壓，終能安全撤運達成任務。


五、戰鬥後狀況

（一）本戰役美樂軍艦之任務係於海面撤運部隊及裝備，無傷
亡、俘虜及鹵獲。

（二）本戰役係抗戰勝利我國海軍重建後，首次於敵前協助陸
軍撤退，能無若何損失，達成艱苦任務，本戰役後，海
軍自信已有兩棲作戰之能力


六、檢討

（一）本戰役海軍計劃周密，指揮卓越，惟使用之登陸艦中字
級僅二艘，致各登陸艦艇需往返撤運，多費時日，如能
多調派若干登陸艦艇，則能迅速安全完成任務

（二）海陽海面無大比例尺海圖，有暗礁一條伸出海面頗遠，

美宏艦艦底曾受損傷，今後兩棲作戰，均需先行灘頭偵查，對妨害航行安全之暗礁淺灘，並於海面佈置航行標識，以策安全。

● **陳再晨**
**作戰時級職：海軍合城登陸艇少尉艇長**
**撰寫時級職：海軍兩棲訓練司令部上尉主任教官**

作戰地區：山東省海陽縣海面
作戰起迄日期：36 年 12 月 11 日

**海軍協助陸軍整編五十四師自海陽撤退戰役心得報告**
一、概述

　　民國卅六年冬陸軍整編第五十四師（欠一九八旅）自與第廿五師攻佔煙台後，續進駐牟平，繼向威海攻擊，及至酒館集途中奉令折返萊陽策應范家集之作戰，嗣後奉令以一團兵力（一○六團）守備萊陽，而以主力東進掃蕩鋸齒牙山、海陽、文登等處，破壞匪巢物資。

　　是年十一月六日該師進駐海陽城後，當晚即被匪第十三縱隊依據海陽外圍既設陣地向東西北三面圍攻，斯時匪以三師一旅之眾，復據有優越之地形，使該師束拘一隅，處於極端不利之情況下與匪相持於皮子頭、黃山、一一二○高地、神童山、窰上一線。

　　十一月廿二日前總司令桂上將奉令支援海陽友軍由海路撤運，增防長江，是晚偕同海總作戰處王處長天池、第一艦隊王參謀主任恩華及友軍聯絡參謀等乘座峨嵋鑑向海陽灣進發，不幾日先後由各地調集精銳艦艇十三艘及大型商船十艘密佈海陽海面，停留雙旬，終於圓滿達成支援並撤運陸軍第五十四師任務，造成我國有史以來海陸偕同敵前撤戰役最光榮一頁。

二、作戰前之狀況

（一）匪以三師一旅強大兵力依據既設陣線，從東西北三面向
　　　我軍圍攻，企以大吃小，達成圍攻戰果。

（二）我以一師（欠一旅）兵力處於三面受敵、一面負水之形勢
　　　下，據守皮子頭、黃山、一一二〇高地、神通山、窯上
　　　一道防線，及至十一月廿三日我強大艦隊先後駛抵海陽
　　　海面後，突使陸上部隊士氣旺盛，戰力增強。

（三）天氣嚴寒，時括東北風，海浪波濤影響艦艇登陸行動，
　　　致使少數艦艇受到損傷。

（四）地形，海陽城區為東西北三面丘陵地帶所環繞成的一小
　　　型盆地，後峙高山，南負大洋，海灣直平，無處避風，
　　　沿岸多礁，水淺灘平，不適於登陸戰要求。

三、我軍作戰指導

（一）陸上依據優勢地形固守陣地，俾能從容撤退輜重物質及
　　　非戰鬥人員。

（二）探測灘頭，製定浮標，架設浮橋，以利登陸艦艇登陸，
　　　往返轉運人馬。

（三）調集艦艇，適時遣用，並以太康錨泊東岸，監視右翼匪
　　　之行動，長治、永順艦錨泊西岸，監視左翼匪之行動，
　　　與各防地守軍直取聯絡，適切發砲支援，藉以協助友軍
　　　鞏固防地，達成撤退任務。

四、作戰經過

（一）協調與集中階段

　　　1. 前總司令桂上將於奉令後即與有關友軍協調，並偕隨

員乘峨嵋艦率領美樂艦於十一月廿三日駛抵海陽海面離岸五浬處錨泊，旋即登岸晤闕師長研討敵我情況並視察陣地。

2. 廿四日分電各地抽調各型艦隻集中海陽候遣，先後抵達者計太康、長治、永順、美亨、中興、中練、美宏、合堅、合城、砲五、砲九，連同峨嵋、美樂共十三艘，廿五日以後陸續由青島等地徵調來商船，計新安、惠民、海列、中105、海皖、海蘇、台南、海張、中興、迎春等十艘。

3. 依據各艦艇性能及陸上友軍之需求，分全部艦船為登陸、控制、指揮、轉運等四組，分別派定任務。

（二）戰地鞏固與整備階段

1. 勘定灘頭，協同陸軍構築石橋、浮舟，初選定西岸為登陸灘頭，後以灘頭窄狹水淺，且時受風浪衝擊，登陸轉運至感困難。

2. 廿七日經重行測探結果，發現東岸較西岸適於登陸，乃決定改在東岸灘頭依序劃定大型、小型、中型三登陸灘頭，分別架設石橋、門舟橋三處，並在岸上樹立標誌，水上敷以航標。

3. 陸上友軍除灘頭勤務工作外，並加緊構築防禦工事，如鐵絲網、竹刃、欄柵等，以便撤退時步步為營，安全撤離。

（三）零星撤運階段

1. 五十四師之輜重物質及非戰鬥人員自廿六日起即開始零星撤運。

2. 我各艦艇官兵冒惡劣天候前赴後繼，結至十二月五日

止，全部輜重武器及非戰鬥人員始撤運完畢，共計撤運車二九輛、砲一二門、騾馬一四五〇匹，難民一三〇〇人及少數傷患官兵。

3. 匪對我撤運行動，不時向灘頭發砲阻撓，但均被我艦上熾熱砲火所壓制。

（四）主力撤運階段

1. 十二月六日分電返青島整補艦挺火速返海陽，並請陸軍聯絡組迅即飭所需商船趕來海陽。

2. 自十二月七日起開始撤運第一批主力九千餘人，分由登陸艇直接登陸東岸撤運及由海皖輪泊西岸經舢舨、機帆船駁運，至九日晚完成。

3. 原計劃擬於十日趁高潮派中練、美宏、合城將第二批主力四千五百人全部撤運完畢，結果因時間延誤，且中練、美宏均未按預定人數裝齊，及至合城遵照計劃抵達灘頭撤運最後一批警衛部隊三百人時，始知岸上仍留有二千餘人，非合城一艇所能裝完，且天色已入黃昏，若再撤走部分兵力後，將使留岸兵力更形薄弱，易遭匪之圍擊，乃決定將所留下之二千餘人就城關高地重新佈署，是晚合城空載而返。

4. 十一日黎明派美樂、美宏、合城登陸撤運所剩下之二千餘人，是日上午十時合城先撤運四百餘人卸中練轉海張輪，再駛灘頭擔任撤退警衛隊任務，此時匪砲更以密集砲火向我灘頭人員及艦艇轟擊，但我方無論何損傷。

5. 我警衛部隊約五百人始終受匪之尾隨牽制，故撤退行動既遲緩且又零散，因此直等至當日午後約四時許全部警衛人員才陸續的抵達合城艇，接著追擊之匪先頭

部隊約四、五百人亦迫近灘頭指向合城艇攻擊，企圖截奪本艇，當經我一面以兩門二十公分機砲痛殲，一面關船頭門，起後錨徐徐撤灘頭，安然達成任務，並斃匪約二百餘人，當時我砲五、砲九兩艇及時接近海岸阻擊匪後續部隊，亦頗具功效。

五、戰鬥後狀況

（一）敵

1. 追擊匪軍被我擊斃約兩百餘人。

2. 友軍在陸上之戰果無統計。

（二）我

1. 因風浪及灘頭多暗礁關係，我沉沒合堅艇一艘，觸礁損傷美亨、中興兩艘。

2. 友軍在陸上之傷亡損失無統計。

（三）整編五十四師全部兵員及裝備物資均安全撤運，對該師實力之保全將有助於我另一戰區實力之增強。

六、檢討

（一）匪軍之先頭部隊均配以輕便之機槍及自動步槍，行動迅速，攻擊力很旺盛。

（二）匪砲兵之射擊準確性差，且轉移行動較緩，可能係受內路交通線之阻。

（三）我軍優點缺點

1. 優點

（1）陸海協調密切，始終合作無間。

（2）及時徵用商船，對軍運很有補益。

（3）海軍官兵用命，能克服惡劣天候，達成任務。

（4）前總司令親臨督陣，能激發高昂士氣。

（5）合城艇官兵始終堅守職責，致使友軍無一士一卒遺留岸上，為匪所俘。

2. 劣點

（1）人員裝載計劃未作周詳之考慮，執行裝載之部分艦艇未澈底照計劃實施。

（2）灘頭勘察不確實，致造成艦艇之損傷。

（3）艦砲對陸上目標之支援攻擊不夠確實。

（4）艦砲（機槍）對近岸目標之掃射缺乏訓練，如美樂艦機砲之發火線均經過合城艇近空，並擊中吊桿一根，幾造成傷亡之慘案。

（四）改進意見

1. 針對上述缺點研究改進。

2. 當此我兩棲訓練已進入現代化時，上述諸缺點均已有妥善之安排。

附圖　海陽匪我態勢暨海軍撤退整編五四師艦艇部署要圖

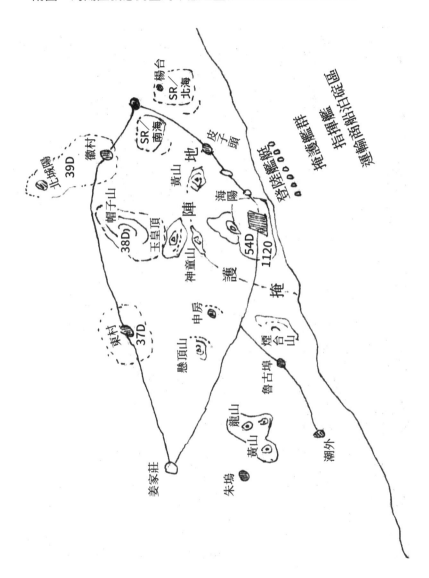

（五）山東龍口、蓬萊、威海衛撤退

● **林鴻炳**
**作戰時級職：海軍永勝軍艦少校艦長**
**撰寫時級職：海軍掃佈雷艦隊司令部上校司令**

作戰地區：龍口、蓬萊、威海衛
作戰起迄日期：37 年 3 月 10 日至 29 日

**掩護第八軍自龍口、蓬萊、威海衛等地撤退戰役**
（一）概述

　　三十七年三月中旬，海軍奉令派艦掩護撤運龍口、蓬萊、威
海衛等地第八軍李彌將軍所屬，集中固守煙台及增援葫蘆島。參
加艦艇計有永勝、永定、永績、永翔、太平、長治、中權、中
興、美朋、美亨、美樂、峨嵋等十二艘，由桂總司令親率第一艦
隊司令李國堂少將指揮，先後到達指定地點，擔任掩護及撤運事
宜。我方各艦之編制，裝備員額與現編制略同。除長治有 4.7 吋
砲二門外，其餘各艦均為三吋以下口徑之火砲。

（二）作戰前之狀況

　　渤海灣山東沿海各口岸除龍口、蓬萊、煙台及威海衛近郊主
要地區為第八軍所屬固守外，餘均為匪所控制。海上我海軍嚴密
封鎖自長山八島經煙台、威海衛至成山頭一帶海面，切斷匪海上
交通，長山八島亦在我海軍陸戰隊固守中。

（三）我軍作戰指導

　1. 陸軍：撤運龍口、蓬萊、威海等地兵力，集中固守煙台，
　　　　　及增援葫蘆島，撤運之順序為龍口、蓬萊、威海衛。

2. 海軍：加強巡弋，嚴密封鎖渤海灣，切斷匪海上交通線，
　　全力掩護陸軍由龍口、蓬萊、威海衛撤運。

（四）作戰經過

1. 龍口撤運

　　永勝、永績、永翔、永定、長治、美朋、美亨、中權、
中興、太平等艦，自三月十五日先後由渤海灣防次及青島、
煙台等地抵達龍口，三月十八日晨各艦開始砲擊龍口周圍之
匪軍，支援掩護友軍自敵前開始向灘頭撤退，至廿七日晚間
先後撤運完畢，計撤出榮一師官兵約一萬人、砲十二門、車
四十輛、馬三百匹及全師裝備輜重等，另壯丁及家屬四千餘
人，運往煙台，海軍無傷亡，陸軍傷亡亦僅數人，追擊我友
軍之匪被我艦砲擊斃甚眾，數字未詳。

2. 蓬萊撤運

　　三月廿四日晨，永勝艦奉命由龍口開往蓬萊，當天下午
抵達，因海陸無法通話，經艦方派員登陸與駐軍四九八團協
商簡單通話密碼（無線電話），廿四晚九時起開始按陸軍指
示之目標，用三吋砲與四公分砲猛烈砲擊。廿五、六兩晚仍
繼續猛烈砲轟危害我軍安全之匪軍，按守軍團長劉君立上校
報稱，「約斃匪五百餘人，犯匪三千餘人已撤至我艦砲射程
以外地區。」廿七日入晚後陸軍由煙台派來之大型帆船、機
帆船約卅餘艘先後到達，乃於 2200 開始撤退。廿八日 0200
完全撤退完畢，我海陸均未傷亡一兵一卒，將四九八團官兵
二千餘人及全部裝備壯丁及其家屬八百餘人，安全撤運至南
長山八島登陸。匪軍經我艦砲三天來猛烈砲轟後已向後撤
退，兼因撤退用之機帆船等均係於入晚後抵達，我方企圖祕

密為完滿達成任務之最大原因。

3. 威海撤運

　　三月廿八日我海軍艦隊永勝等十一艦全部集中煙台，補充淡水後，開往威海衛，分正面與側面同時撤運，永勝等三艘掩護李彌將軍座艦美朋號擔任側面撤運，永勝等艦近岸至四百碼，爰用四公分砲與二公分砲制壓向威海正面追擊之匪軍，斃匪甚眾。三十日晨撤退完畢，運抵煙台，計第八軍一六六旅約四千餘人，另壯丁、警察及其家屬約二千餘人。此役除陸軍陣亡數名外，海軍無損失，匪軍被我海陸砲火傷斃者約在三百人以上。


（五）檢討

1. 無作戰計劃或作戰命令。

2. 艦與艦間通信全靠電報，無線電話未能暢通，即能通話然亦全用明語，不合作戰要求。

3. 龍口、威海兩地撤運，海陸通信太差，岸上我軍情形艦方毫無所知。

4. 海陸通信以蓬萊四九八團與永勝間無線電話通話情形最佳，既能經常保持暢通狀態，且能用臨時協商之密碼。

5. 蓬萊撤退期間海陸兩方均能保密切連繫。

● **趙梅卿**
**作戰時級職：海軍永績軍艦中校艦長**
**撰寫時級職：海軍總司令部總司令辦公室上校主任**

作戰地區：龍口、蓬萊

作戰起迄日期：37 年 3 月 26 日至 29 日

**掩護第八軍自龍口、蓬萊撤退之役**

一、概述

（一）匪軍：北海司令部所屬一部兵力駐龍口，一部兵力駐蓬
　　　　萊，擁有一五〇糎重迫擊砲多門。

（二）我軍：友軍第八軍榮一師約一萬一千餘人駐龍口，四九八
　　　　團約千餘人駐蓬萊。

　　海軍計永績、永翔、永定、美朋、永勝等五艦由海防第一艦
隊司令李國堂少將指揮，此外商船中一〇一及海友輪參加協運。

二、作戰前之狀況

　　政治協商無結果，龍口、蓬萊等地第八軍再無據守之必要，
海軍奉令掩護其安全撤離。

　　該處守軍受匪三面包圍，僅有海道可通。

　　當地居民恨匪刺骨，均願隨部隊撤退。

三、我軍作戰指導

甲、龍口方面

（一）以美朋艦駁運人員、裝備轉運煙台。

（二）以永績、永定、永翔、永勝等四艦駛龍口，以火力壓制

匪軍攻勢，並摧毀其重兵器之陣地。

乙、蓬萊方面

（一）以永續、永勝在蓬萊海面分段巡弋警戒，並與守軍切取
聯絡，以艦砲構成對匪陣之交叉火網，掩護撤退。

（二）應乘匪不備迅速完成任務。

四、戰鬥經過

三月廿一日永續艦抵龍口向海防艦隊李司令報到，擔任撤運
掩護，嚴密監視匪軍行動，支援友軍作戰，當日砲轟土城子匪陣
地，摧毀碉堡多處。

三月廿五日美朋、中一○一及海友輪先後抵龍口，繼續撤
運，行動頗為順利。廿六日據報匪數縱隊正增援中，陸上友軍乃
決定是晚完全撤退。十七時匪開始向我猛烈射擊，我永續、永翔
兩艦當不斷發砲制壓，但以兵器物資繁多，小艇不敷調遣，招商
局海輪下錨處離岸太遠，往返駁運遲緩，永續、永定乃亦參加駁
運，天明尚未撤畢。

廿七日晨匪攻勢稍斂，但另據友軍電告，蓬萊情況危殆，必
須急撤，當由永續艦護送李軍長前往蓬萊海面協助撤運。

廿八日晨一時蓬萊守軍在我艦砲火力掩護之下全部安全撤
出，而龍口方面亦於是晨完成任務，全部艦隊與友軍部隊均抵達
長山島海面待命。

總計是役龍口方面撤出官兵一萬一千餘人，裝備輜重砲一六
門、車輛四○、馬匹三○○，壯丁及眷屬四千餘人，蓬萊方面官
兵二千餘人，裝備輜重等，另壯丁及眷屬八百餘人。

五、檢討

（一）重兵器重砲先行撤出後，以艦砲壓制匪軍，並由友軍觀測
　　　所協助偵察，收效甚宏。

（二）匪軍優點：來去無定，夜間作騷擾攻擊，使我方應付困難。

（三）我方優缺點：我方射擊準確，陸海軍密切協調，但電訊傳
　　　遞較為遲緩。

（六）廣東、海南

## ● 韓國華
## 作戰時級職：海軍第七砲艇隊第 26 號艇少校艇長
## 撰寫時級職：國防大學校上校學員

作戰地區：廣東合浦

作戰起迄日期：35 年 11 月 29 日至 12 月 3 日

### 廣東合浦港剿匪

余自民國二十七年三月於海校畢業，即服務海軍，迄今將廿年矣，先後參與抗日及戡亂等任務，幾無間斷。當共匪未竊據大陸以前，尚無海軍之編成，故在海上並未直接發生過戰鬥。為遵照 46 記詣二二六號校令之規定，謹就余於民國卅五、六年間，曾有二次奉派率艇協助陸上部隊會剿盜匪之經過，概述如後，愧無心得之可言。

### 經過

民國三十五年，余於海口任海軍第七砲艇隊第廿六號砲艇少校艇長，經常擔任瓊島沿海及雷州海峽之巡邏任務。是年十月初突奉命由海口駛往廣東北海向當地陸上駐軍報到，任務是協助陸軍第四六六團完成「肅清粵海西區盜匪計劃」，曾經與該團團長柳亞人上校暨其重要幕僚人員作數次之會商，有關如何實施該項計劃事宜。乃於十一月廿九日，遵照該團指示，並搭載有該團團部重要人員，自北海港出航，向合浦港一帶沿海巡剿。三十日中午抵達合浦港外發現有大風帆船三艘，行蹤可疑，並據當地漁民報告確係匪船，即開始追擊，匪船即分散逃避，時因該港水道過淺，本砲艇吃水較深，故無法駛入，結果僅俘虜匪船一艘，俘匪

十四名，另兩艘逃去，俘虜之匪船及匪當日均被陸軍四六六團解
往合浦鎮訊辦，本艇以任務完畢，乃於三十五年十二月三日駛返
海口歸建。

## 檢討

（一）因有本艇駐防北海，在此兩三個月中，北海至合浦一帶
　　　海面匪風平息，漁民百姓均得安居作業。

（二）對匪風帆船作戰，最感困難的是受水深的限制，匪風帆
　　　船吃水淺，可以儘量近岸向淺水處航駛，而我艦艇因吃
　　　水較深，無法接近，亦無法追擊或捕捉。

（三）對匪木船之損害問題，經將俘獲之匪風船檢查後，發現
　　　其對輕重機槍及小口徑砲火之承受力甚強，當時本艇僅
　　　裝有十三公厘機關砲，船身雖穿了許多彈孔，但進水甚
　　　少，並無重大損害，因此得一認識，小口徑槍砲是不容易
　　　將一艘大的木船擊沉的。

## 結論

　　余自民國卅八年調回總部服務後，一直都派在陸上單位工
作，未再奉派到海上去，故對以後剿匪作戰情形，較為疏隔，致
無新的資料提出，茲謹就過去協助陸軍會同剿匪之經過作一簡要
之報告，內容並無新奇之處，不過就檢討中所得歸納有五點：

（一）近岸淺水之處艦艇活動受極大限制（而共匪近年來時用
　　　匪船引誘我海軍艦艇接近海岸並以岸砲夾擊之，可見匪
　　　軍能利用我自然限制之弱點，圖加大我之損害）。

（二）對共匪所用之機帆或風帆大木船，若使用小口徑槍砲攻
　　　擊無重大效果，而很難將牠擊沉（推料共匪將來大陸近

岸如有行動的話，大量的木船使用仍屬可能的，最好的對策是研究用一種「火攻」為最有效）。

（三）海陸之通信連絡，要力求改進，務須連絡靈活確實（尤其是現代化的戰爭，都是多軍種的聯合作戰，無海陸、海空、陸空及後勤部隊，彼此間的密切連繫特別重要，故通信之裝備、組織、機構等之建全與否，實關係勝負之重要因素）。

（四）各軍種聯合作戰中，連絡（參謀）人員之派遣，是極為重要（這種連絡人員對於軍種與軍種間之協調幫助最大）。

（五）戒慎恐懼之心，提高警覺，以防敵人之奇襲或欺騙。是每一次戰爭每一位指揮官都應具備的條件或修養。

以上五點是過去參加兩次會剿行動中檢討之所得，但至今日共匪已正式擴充有海軍、空軍及各型艦艇，如潛水艇、魚雷快艇等。雖然今後對匪海上作戰之思想與戰術之運用，可能與以往不盡雷同，但對我以上所報告的五點是由行動中檢討得來的意見，仍有其值得注意之價值。

## ● 韓國華
## 作戰時級職：海軍第七砲艇隊第 26 號艇少校艇長
## 撰寫時級職：國防大學校上校學員

作戰地區：榆林

作戰起迄日期：36 年 3 月

### 瓊島剿匪

　　余自民國二十七年三月於海校畢業，即服務海軍，迄今將廿年矣，先後參與抗日及戡亂等任務，幾無間斷。當共匪未竊據大陸以前，尚無海軍之編成，故在海上並未直接發生過戰鬥。為遵照46 記詣二二六號校令之規定，謹就余於民國卅五、六年間，曾有二次奉派率艇協助陸上部隊會剿盜匪之經過，概述如後，愧無心得之可言。

### 經過

　　民國卅六年三月初，余仍任海軍第七砲艇隊第廿六號砲艇艇長，又奉命由海口率艇駛往榆林港，向要塞司令部報到，協助海南島要塞司令部舉行「水陸會剿瓊島南部沿海盜匪」。在要塞司令鄭琦將軍指導下按照原訂計劃行動。首自榆林港開始，地面上進剿由要塞部隊擔任，海面上由本艇擔任攔截策應與支援。水陸同時出發，本艇駛出榆林港後，沿海岸東駛，配合陸上部隊進展之速度行進，一面搜索海面可疑船隻，一面時與陸上部隊取得聯絡。於次日下午到達瓊島東部之陵水港，水陸相遇後，復行轉回。又自榆林港向西進剿，本艇亦沿岸西航搜索匪船與攔截匪船，有時在海上實施突擊檢查，並時常保持與陸上部隊的連繫，

沿途駛經鶯歌、感恩等地海面，直至瓊島西部北黎之八所港停
止。至此已完成瓊島南部沿海水陸會剿盜匪之行動。乃於三月下
旬駛回海口基地。

**檢討**

（一）經過這次瓊島南部沿海水陸會剿的行動中，首感困難者
　　　是海陸連繫問題，那時除用視覺信號外，尚無電子通信
　　　設備，故到平坦地區，在海上尚可看到陸上部隊進展情
　　　形，但遇到山地，就不易尋找部隊行蹤，因部隊單人在
　　　高山深草或茂林中行動，在稍遠海上確實不容易發現，
　　　部隊即持有連絡識別旗號，亦不易識別。幸有要塞司令
　　　部預派有連絡參謀隨艇出發，故對岸上有時雖不能直接
　　　發生連繫，但間接仍可獲悉陸上進展大概情形。

（二）另外還有一件感到棘手的事，是偏海舟船，不知誰是民
　　　船？誰是匪船？處於此種情況，不是被匪偽裝欺騙過
　　　去，就是易遭匪船暗中奇襲。此為余執行巡邏任務中最
　　　傷腦筋的事，當時並無最好的方法，除偶爾實施突擊檢
　　　查外，只有提高警覺，加倍戒備，如臨深淵、如履薄冰
　　　之心，以防萬一，所以還未曾遭遇到意外不幸的事件。

**結論**

　　余自民國卅八年調回總部服務後，一直都派在陸上單位工
作，未再奉派到海上去，故對以後剿匪作戰情形，較為疏隔，致
無新的資料提出，茲謹就過去協助陸軍會同剿匪之經過作一簡要
之報告，內容並無新奇之處，不過就檢討中所得歸納有五點：
（一）近岸淺水之處艦艇活動受極大限制（而共匪近年來時用

匪船引誘我海軍艦艇接近海岸並以岸砲夾擊之，可見匪
軍能利用我自然限制之弱點，圖加大我之損害）。

（二）對共匪所用之機帆或風帆大木船，若使用小口徑槍砲攻
　　　擊無重大效果，而很難將牠擊沉（推料共匪將來大陸近
　　　岸如有行動的話，大量的木船使用仍屬可能的，最好的
　　　對策是研究用一種「火攻」為最有效）。

（三）海陸之通信連絡，要力求改進，務須連絡靈活確實（尤
　　　其是現代化的戰爭，都是多軍種的聯合作戰，無海陸、
　　　海空、陸空及後勤部隊，彼此間的密切連繫特別重要，
　　　故通信之裝備、組織、機構等之建全與否，實關係勝負之
　　　重要因素）。

（四）各軍種聯合作戰中，連絡（參謀）人員之派遣，是極為重
　　　要（這種連絡人員對於軍種與軍種間之協調幫助最大）。

（五）戒慎恐懼之心，提高警覺，以防敵人之奇襲或欺騙。是
　　　每一次戰爭每一位指揮官都應具備的條件或修養。

　　以上五點是過去參加兩次會剿行動中檢討之所得，但至今日
共匪已正式擴充有海軍、空軍及各型艦艇，如潛水艇、魚雷快艇
等。雖然今後對匪海上作戰之思想與戰術之運用，可能與以往不
盡雷同，但對我以上所報告的五點是由行動中檢得來的意見，
仍有其值得注意之價值。

## ● 孫文全
## 作戰時級職：海軍中鼎軍艦少校艦長
## 撰寫時級職：海軍驅逐艦隊司令部上校參謀長

作戰地區：粵東沿海甲子灣

作戰起迄日期：36 年 11 月 12 日至 11 月 19 日

### 戡亂陸海豐戰役

一、概述

　　海軍中鼎軍艦係三十五年五月十九日於青島接收之美援戰車登陸艦，成軍時編制官員十一員，士兵一百三十二員，裝備計有四公分砲八門、二公分砲十二門，由本人任少校艦長。本艦於三十六年五月奉令開赴廣州擔任運輸新一軍及五十一軍部隊至東北秦皇島登陸，以支援東北作戰，於該年十一月初又奉海總部命令暫撥歸廣東綏靖公署主任宋子文主席指揮。

二、作戰前之狀況

　　抗戰勝利後，共匪派匪幹至粵東陸海豐各縣一帶組織武裝部隊，擴大叛亂，阻止我政府接收工作，並妨礙政府政令之推行，其部隊已擴展至五、六千人，不時與國軍發生戰鬥。宋主席子文計劃由陸海兩路圍攻，以收徹底消滅共匪盤據海陸豐等縣之老巢穴，以防止其沿海各地流竄。

三、我軍作戰指導

（一）以作戰艦艇砲火掩護登陸艦艇登陸。

（二）以登陸艦載運保安團一團（約八百人），由廣州黃埔登艦

　　　至甲子灣實行強行登陸。

（三）海軍艦艇於保安團登陸後，隨戰況之進展隨時以艦砲掩
　　　護，並擔任補給任務。


四、作戰經過

（一）廣東綏靖公署命令中鼎軍艦為運輸艦，長治艦為掩護艦，
　　　在海上機動以及登陸階段，歸長治艦艦長何洒成指揮。
　　　保安團約八百人，由保安副司令蘇副司令指揮（蘇副司
　　　令名已記不清）。

（二）在黃埔裝載集運後，即行向目標航進。

（三）登陸灘頭為粵東沿海甲子灣港南端。

（四）特遣支隊於十一月十二日正午抵達目標區後，即由長治、
　　　中鼎兩艦砲火開始對岸轟擊，約兩小時後部隊開始搭中
　　　鼎小艇向灘頭前進登陸，雖遭遇輕微抵抗，但終於順利
　　　達成登陸。

（五）部隊登陸成功即行佔領甲子鎮鞏固陣地，一般補給品亦
　　　於翌日利用機帆船開始下卸。

（六）艦艇隨部隊之進展沿海掩護。


五、戰鬥後狀況

（一）本戰役由海陸兩路圍攻粵東失陷各縣，不數日即行收復，
　　　確已達成預期之效果，予匪以重大之打擊。

（二）本戰役係抗戰勝利後，我海軍第一次實施兩棲登陸，足
　　　以證明我海軍已有兩棲登陸作戰之能力。

（三）海上運補較陸上運補節省人力、物力及經濟時間。

六、檢討

（一）此次戰役雖計劃甚久，但對於情報蒐集仍嫌不足，尤以灘頭狀況因無法偵察，故登陸時灘頭斜度不夠，小艇下卸困難，稽延時間。

（二）部隊在艦生活不習慣，隨地嘔吐及便溺，物品裝載亦不合要求。

# （七）長江沿岸與江蘇

● **周謹江**
**作戰時級職：海軍海岸巡防艇隊上尉艇長**
**撰寫時級職：海軍兩棲訓練司令部中校主任教官**

作戰地區：長江下游
作戰起迄日期：36 年 5 月 1 日至 8 月 30 日

**戡亂－長江下游巡弋**

一、概述

（一）沿革

海岸巡防艇隊成立於民國卅六年二月份，艇隊部設立上
海高昌廟，構成之該單位兵力為接收英贈之八艘海岸巡
防艇（英名 HDML），該艇排水量五十噸，武器裝有四
十糎（彈一磅重）機關砲一門，廿糎機槍一挺，速度十二
浬，其性能最適於江防及港口沿岸之防潛、防空及警戒
之用。

（二）編制

艇隊部設艇隊長一人、輪機長一人、參謀二員，及軍需、
事務官各一員。下轄防艇八艘，每艘設艇長一員，艇副
一員、輪機上士一員及機帆士兵十二員組成之。

（三）指揮

艇隊長由李連墀中校充任，其所屬各艇長、艇副均係留美
人員擔任，技術優良，足能運用指揮自如，效率高超，較
一般艦艇有過而無不及。英贈八艇由英裝運來滬，陸續移
交我國，接收後經一月之整備，各艇均能完成戰備之要
求，並經加緊訓練後，即接受命令赴長江下游擔任戡亂之

　　　　巡弋工作，各員均精神充沛，士氣振奮，對任務之付予均
　　　　勝任愉快。

二、一般之形勢

　　共匪竊據河北、山東以來，蘇北局勢頓形緊張，江北一帶沿
岸數縣時遭受共匪之游擊部隊劫掠，我方為確保江南之安全，增
派艦艇加強巡弋，海岸巡防艇隊各艇，遂奉令擔任此項任務。

　　蘇北沿江一帶形勢較為險要者而常為共匪進出之地帶有南
通、天生港、靖江、八圩港及瓜州等地。共匪對海軍砲火之威
力，似大感震駭，而當地之鄉團民眾對海軍艦艇之駐防均表欣
慰，而有所依賴。

　　我方江防之海軍兵力有江防艦隊，其司令部設漢口，江陰方
面設有相當於戰隊司令之旗艦。除本防艇分段巡弋外，尚有長江
淺水砲艦兩艘及砲艇若干艘分區巡防。

三、作戰指導

　　加強對長江下游江面之搜索，以期獲得有利之情報，協助友
軍及地方部隊實施砲火之支援，確保地方之安寧。

四、作戰經過

　　民國卅六年八月間，本人率第五號防艇巡弋於天生港、江陰
之間，十五日晚拋錨於新生港附近警戒，有當地鄉團來艇報告，
有匪百餘人竄入距該鎮二哩之處劫糧，要求我艇予以火力支援，
並指引射擊方向，我艇即以四十糎砲對岸轟擊百發，次日據報匪
不及防，愴惶逃亡，死傷五人，我方無損害。

　　類似此次射擊者為數頗多，均能阻匪之擾亂地方，故本艇凡
能到達之口岸，鄉民均表歡迎並加慰勞。

五、檢討

（一）江北沿岸一帶為匪久據，時出擾亂治安，該地地勢平原，而我地面部隊竟未能平剿，以致民不安居，政治與軍事方面應加澈底檢討其失敗之原因。

（二）地方部隊與江防之海軍未建立駐防關係，亦無通信之機構，故情報無法傳遞交換而無法研判。

（三）海軍設防地帶廣闊，兵力分配不足，機動使用艇隻過少，江面夜間行動困難，故應分段設防。

（四）各地面部隊無設海軍連絡之機構，以致無法實施聯合作戰之配合。

## ● 李樹春
**作戰時級職：海軍南京巡防處軍務課少校課長**
**撰寫時級職：九五八六部隊中校副總隊長**

作戰地區：南京至馬當
作戰起迄日期：36 年 7 月至 8 月

### 南京至馬當沿江水面指揮作戰

一、南京巡防處原設南京下關，三十六年成立，處長關上校鏞，
　　下轄參謀主任，分軍務、港務、總務三課，官兵二十五人，
　　余任參謀主任，後改任軍務課長。三十七年沿江戰情緊張，
　　該處奉命遷移安慶（懷寧縣），又於當年冬底遷移沙市。

二、沿江防務由江防艦隊艦隻分段擔任，但受地區海軍指揮官指
　　揮，當時受指揮的永安、永綏、永寧、民權、聯珠、聯光、
　　江源等艦。
　　陸地駐軍二○二師一個旅、張幹兵團、交警一個營，尚有其
　　他部隊因少聯繫，不詳。

三、於安慶駐守時，二○二師一旅分駐市區外十五里內之防區，
　　雖間有尖兵前哨不斷小接觸，但據今思之，皆係撓亂性質。
　　華陽鎮曾一度被匪攻進，經派艦適時於深夜砲襲，則將匪驅
　　除，不再進犯。銅城縣鐵板洲曾經匪竄進約班人，及時派艦
　　駛往圍轟後，不復發現匪情。郝穴一度匪軍進至市郊，經派
　　永安艦等砲擊始行撤退後，亦不再進攻。

四、1. 敵方兵力小型分散使用。
　　2. 敵方不斷嘗試攻沿江要地，以期明瞭我方沿江兵力及力
　　　量，做為而後攻擊情報。

3. 我軍沿江分區駐守，艦隻情報搜集依賴陸地友軍供給，
   在運用攻擊時效上很受影響。

● **蘇紹業**

**作戰時級職：海軍聯利軍艦上尉副長**
**撰寫時級職：國防大學校第四組上校教官**

作戰地區：蘇北沿海灌河口附近海面
作戰起迄日期：37 年 3 月 23 日至 28 日

**灌河口戰役作戰心得報告**

一、概述

　　參加本戰役之吾海軍聯利軍艦係美贈予，民三五年十二月十二日在青島接收，民三六年擔任長江下游一帶巡弋任務，經常駐防上海、南京、蕪湖、大通、安慶等地。民三七年初奉令駛蘇北沿海，擔任護漁及巡弋灌河口附近海面一帶，截斷匪海上航運，實施海上交通破壞戰。

　　該艦當時直接隸屬海軍總司令部，由海總部直接指揮。

　　當時海軍總司令為桂永清將軍，艦長為盧淑濤少校，全艦官兵約六〇人。艦之主砲為後裝者，係六磅砲，另有二〇糎砲四門，有雷達及電羅經等設備，最大速率十四節。

　　本艦現尚在服役，惟砲裝及設備已有變更，編制亦已調整。

二、作戰前之狀況

（一）戰地一般狀況

　　　　江蘇沿海，長江口以北，沙灘星佈，如南沙、陳家沙、黃子沙、大沙、五條沙，蔓延橫亙，大型艦隻活動須遠離沿海地區，小型艦艇在此地區活動亦極困難。蓋因此等流沙，位置時變，且無法測量標定也。其中尤以灌河

口一帶之大沙與五條沙為最。

蘇北沿海每逢春季為黃漁汛，產量極豐，近海漁民紛紛出海，無不滿載而歸，常可供其一年生活之需。

沿海沙多，故少良港，蘇北一帶僅連雲港較佳，另有一燕尾港，因蘇北地區盛產鹽，鹽為該區主要資源。燕尾港位於灌河下游，為蘇北一大漁鹽港。

（二）戰前匪我動態

1. 當時蘇北大部已陷匪，匪為爭取蘇北資源，於黃魚汛時編組漁民，以偽裝漁船，實施武裝，掩護捕魚作業，並經常以小型砲艇伺機攻擊吾方漁船。同時蘇北地區之魚、鹽，匪以大型帆船偷運北駛至山東沿海，交換物資，俄帝接濟蘇北匪軍的軍品並常運至山東沿海，再由帆船轉運，偷過我海軍巡邏線，進入蘇北地區。

2. 我海軍當時（民三七年初）為針對匪是項動態，乃計劃派遣一小型淺水砲艦，冒險駛入蘇北沿海，實施護漁和組截匪海上航運。

三、我軍作戰指導

（一）派遣一淺水艦隻，加強其火力，祕密冒險駛入蘇北沿海。

（二）混入我方漁船群中，或與我方漁船群保持一距離，以隱匿我艦行動。

（三）監視灌河口、射陽河口、舊黃河口等附近海面，截擊匪海上交通線，必要時對該河口附近地區實施奇襲轟擊。

（四）聯利艦加裝六磅砲於艦首作為主砲，並於三月十七日離上海出發，執行上述各任務。

四、作戰經過

（一）突擊射陽河口地區的作戰（灌河口之役的序戰）

　　民三七年三月二十三日拂曉前，趁天色未明之際，聯利艦逕進入匪據之射陽河，上溯二十餘浬。我艦航行河中，距岸僅 1,000 公尺左右，並未遭遇匪船艇。我返航時，天漸大亮，匪沿河岸各型砲（野砲及迫擊砲）於沿岸近距離野戰工事中集中向我射擊，我當即迅速尋獲其砲位，予以制壓射擊及摧毀射擊，計全毀匪砲五門以上。我艦安全返航，繼續巡弋。

（二）灌河口之戰

　　民三七年三月二十八日正午，聯利艦正在灌河口附近海面巡弋，搜尋匪運輸船及護航船艇，忽發現射陽河口外由北南駛五桅大帆船壹艘，似大型漁船模樣，但行蹤詭譎。聯利艦乃即轉向，向該船駛近，該船即加速向近岸駛去。聯利艦當加速追趕，終於漸行迫近，至 3,500 公尺左右時，該船突向我砲擊。我當即還擊，並即將射距保持於 4,500 公尺與該船砲戰。俟該匪船砲火稍息後，再迫近至 1,500 公尺。該匪船又以輕武器向我射擊，我亦以輕武器和機槍還擊，終將匪船擊毀，並鹵獲匪步槍、手槍多枝。

五、戰鬥後狀況

（一）我鹵獲武器數量統計如附表一。

（二）我護漁任務，嗣後圓滿達成，匪武裝漁船不敢再出海騷擾。

（三）匪蘇北海上運輸，從此陷於停頓。

（四）此次被我擊毀者，後據查報，係匪蘇北區船舶運輸隊隊長

船，此船之被殲滅，使匪沿海補給線暫形中斷。

六、檢討

（一）匪岸砲之「抵近射擊」，應特別注意。

    1. 二十三日之戰，我船利用拂曉前夜暗深入匪河，以奇襲作戰出匪不意，匪發覺後，其岸砲迅即機動集中，於黎明後，以「抵近射擊」戰法向我射擊，彈著皆落於我艦前後左右附近水面。因我艦運動靈活，及先期發現匪砲位，故能獲得戰果。

    2. 共匪一切均是思想皆以蘇俄為藍本，砲兵亦不例外。俄帝為達火力優勢之目的，主張澈底集中各型砲火，盡可能推進至目標附近，實行射擊，即所謂「抵近射擊」，此種戰法的優點為：

    （1）集中使用，合乎砲兵運用之原則。

    （2）節省彈藥。

    （3）射擊較易準確。

    其缺點為：

    （1）犧牲部分遠射程砲之優良性能。

    （2）射程近，本身砲兵部隊亦易招致極大損害。

（二）交通補給線之截斷，予匪之影響極大。

（三）實施海上交通破壞戰，事前及執行時皆必須極度隱匿其企圖與行動。

（四）匪軍作戰偽裝欺騙詭譎多詐，已達極致，必須步步設防，時時警戒。

附表一　海軍聯利軍艦部隊於灌河口戰役（鬥）俘虜鹵獲數量統計表

| 鹵獲 | |
|---|---|
| 步槍 | 9 |
| 手槍 | 6 |

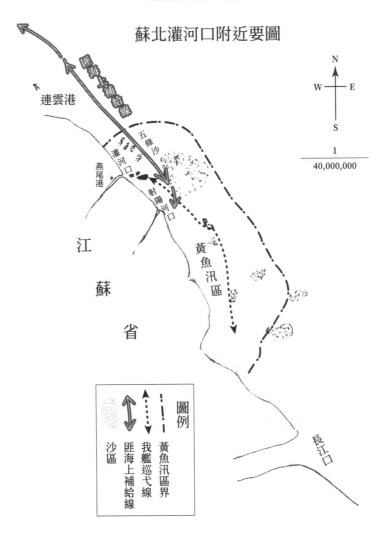

蘇北灌河口附近要圖

## ● 沈慎修

### 作戰時級職：海軍第一巡防艇隊防一艇少尉艇長
### 撰寫時級職：海軍中建軍艦少校艦長

作戰地區：江蘇省泰興縣馬甸鎮

作戰起迄日期：37 年 5 月 18 日

### 泰興戰役

（一）時間

　　卅七年五月十八日晨六時至十一時

（二）地點

　　江蘇泰興縣馬甸鎮

（三）我軍兵力

　　海軍防一、防五、防八等三艇

　　友軍江蘇保安第四團約二千餘人

（四）匪軍兵力

　　匪泰興獨立團及靖江獨立團約五千人

（五）戰鬥前之狀況

　　馬甸鎮位於長江一小叉道之北岸，鎮於江北約一千碼，該小水道低潮時水深五呎，寬約一百餘呎，且多淺灘，一般船隻無法航行。我駐泰興縣天星橋江面之防艇三艘，接獲泰興縣自衛大隊長陳衛民中校之情報，得知我馬甸鎮保安第四團被圍困已二日，

情勢危急，援軍不能抵達，故特來申請海軍火力支援，並願親自隨艇前往，以便與保四團取得連繫。我防一、防五、防八艇由海軍少尉沈慎修、毛冠序、張國柱率領，於晨六時輕霧中抵達馬甸江面。

（六）戰鬥經過

　　我艇抵達後，可清晰聽到江北不斷之機槍聲及小砲聲，江邊上正有大批難民利用僅有之兩艘舢舨爭相過度閉難，我艇由難民處得知匪軍火力約在鎮之西北，當即集中火力向鎮之西北一帶轟擊，並向鎮之東、西兩面用二公分砲各射擊三百餘砲，一小時後匪即潰退，槍砲聲皆已靜止。保安四團即派作戰參謀一員來艇聯絡並致謝意，並告知匪見我砲轟擊猛烈，死傷甚多，並由於我艇之突然抵達，匪驚慌異常，故即刻撤退。我見匪潰逃後即在江面巡弋，於上午十一時左右由保安四團供給之情報，得知匪指揮部之位置在馬甸西北約 5,000 公尺，離江邊約三千公尺，有待機再進攻企圖，我艇當即駛到有利位置，用四公分砲向匪指揮部猛擊百餘發，匪指揮部旋被擊中，匪全軍潰退，遠離馬甸鎮。我於是日下午安全返防，數日後，陳衛民大隊長由確實情報，證實匪指揮部被擊毀時，匪主要幹部死傷卅數人，其他官兵傷亡百餘人。

（七）戰果

　　（一）我保安四團能迅速解圍。

　　（二）匪傷亡二百餘人。

（八）勳獎

　　（一）由江蘇省保安司令部轉呈國防部頒發干乙二獎章，艇

長每人一座。

（二）泰興縣政府每艇贈錦旗一面，並酒肉等慰勞。

## （九）檢討

此役能夠獲得極滿意之戰果，其原因有三：

（1）情報確實。

（2）防艇機動性大，船小火力強大，能於獲得情報後即刻採取行動，致使匪軍突然遭我襲擊，軍心惶恐。

（3）艇上人員訓練良好，士氣旺盛，當時艇上之官兵有半數皆為由英國受訓返國者。

## （十）長江作戰之問題

卅七年我長江北岸之廣大地區皆遭匪不斷竄擾，在長江下游一帶我國軍及地方團隊僅能控制重要之城鎮及交通線，除南通附近我控制地區較大外，其他如儀徵、泰興、海門、啟東等縣沿江地帶大半都成匪之經常出沒地區，甚至匪在江邊設立據點，偷襲我艦艇並搶劫商輪，我艦在該段時期內執行巡弋及封閉任務極感困難，其原因有四：

（一）長江沿岸皆有堤防，成為匪之天然防禦工事，我艦艇火力無法摧毀，匪在堤後之一切我無法得知。

（二）我在長面之艦艇目標全部暴露，江面寬度有限，極易遭匪偷襲，尤其在夜間錨泊時更加危險。

（三）大多艦艇無雷達設備，夜間在燈火管制下在江面航行容易碰撞。

（四）與南岸友軍不易取得聯絡，經常遭到友軍之誤擊，由卅八年英國驅逐艦黑天鵝號及重巡洋艦倫敦號之被擊傷，足以證明我海軍在有限度之江面上作戰，是完全

　　不合戰術原則的，又如卅八年我艦在安慶及仙女廟河一帶江面支援作戰，皆蒙受重大之損傷而無代價。

　　今後我在反攻大陸時，如何在各江面上使用海軍兵力以支援陸上作戰，及維護水運之安全，實為一值得研究之問題。

● **李連墀**
**作戰時級職：海軍第一巡防艇隊中校艇隊長**
**撰寫時級職：海軍總司令部作戰計劃委員會少將**
　　　　　　**副主任委員**

作戰地區：江蘇省泰興縣馬甸鎮
作戰起迄日期：37 年 5 月 18 日

## 前言

　　奉派赴英接收贈我國防艇八艘，於三十六年元月至六月先後陸續到達上海，成立為海岸巡防艇隊。嗣於三十七年二月奉命併編海軍第九砲艇隊，改編為第一巡防艇隊。至三十八年五月底，由上海轉進舟山，改編為第一機動艇隊，是艇隊始終以八艘防艇為主力，駐防九江以下之長江流域及舟山群島之海域。爰以是項艇隻性能較優，火力與通信等均強，適宜內河與近海作戰，余奉命任是艇隊長約三年有半（三十五年十二月至卅九年四月），參加勘亂作戰，不下百餘次，但均係零星戰鬥，加以資料不全，佔國軍整個戡亂作戰之比例，實微不足道。今僅就記憶所及，稍有規模之作戰，分為江防作戰（泰興戰役、太安港戰役）、上海保衛戰及舟山防衛戰等謹報於後。

## 江防戰役－泰興戰役
一、概述－艦隊沿革概要如前言，其指揮及裝備等為附表（一）
　　地點：江蘇省泰興縣馬甸鎮
　　時間：卅七年五月十八日上午六時至十一時
　　我軍兵力：防一、防五、防八等三艇

　　友軍：江蘇省保安第四團約三千餘人

　　匪軍兵力：匪泰興獨立團及靖江獨立團約五千人

## 二、作戰前之狀況

　　馬甸鎮位於長江一支叉之北岸，鎮距岸邊約千碼，溪小水道低，潮時水深五呎、寬約百餘尺，一般船隻航行困難，我駐防天星橋之防艇二艘，接獲泰興自衛隊大隊長陳衛民中校之情報，得知我馬甸鎮保安第四團被圍已一日，情勢危急，陸上援軍短期內難能應援，陳大隊長代表保安司令部要求我艇支援，並願親自隨艇前往，以便與保安第四團聯繫。除電令防一、防八等二艇即速前往支援外，並由吳淞（艇隊部駐地）增派防五艇，共同作戰。

## 三、我軍作戰指導

（1）指派防一艇長沈慎修少尉為該戰役指揮官，參加作戰之防一、防八及防五等三艇，均須服從指揮，一致奮勇作戰。

（2）陸上我戰況以及友軍與匪軍陣地位置等情報資料，均請陳大隊長衛民供給之。

（3）防五艇攜帶備份彈藥，應供三艇使用。

（4）如受水道限制，三艇同時活動困難時，可控制一艇於安全位置，如可能以三艇齊火支援，為最有效。

## 四、作戰經過

　　我二艇於晨六時馳抵馬甸江邊，聽到陸上之機槍聲與小砲聲，判悉雙方交戰中，岸邊堆擁大群民眾，利用僅有之兩隻小民船，爭相過渡避難，我艇遂由難民中得到匪軍主力在鎮之西北，

集中火力向鎮之西北五百碼處作面之射擊，並向鎮之東、西兩方面射擊，約一小時後，遂靜寂無聲。保安團派一參謀來艇，作一概要檢討後，於九時左右，保安團復提供給情報，說明匪指揮部位置，三艇齊火射擊，匪指揮部即被擊毀，傷亡頗重，於是匪全軍潰退，我艇於下午三時餘返回防地。

五、戰鬥後狀況

　　戰果：

（1）我保安四團得我艇迅速支援而獲解圍，損傷較輕。

（2）匪傷亡二百餘人，匪指揮部之高級幹部等傷亡三十餘人。
　　以上戰果，係大隊長陳衛民於戰役一星期得獲確實情報而轉知本隊者。

　　勳獎：

（1）國防部頒發干乙二獎章給防一及防八艇長。

（2）泰興縣政府贈每艇錦旗一面及慰勞品等。

六、檢討

（1）本作戰，係一典型之海陸聯合作戰，由於規模簡小，指揮及通信等容易，使本作戰圓滿完成任務。

（2）對我艇作戰指導，簡單明確而無缺憾。

（3）保安團供應情報確實，對本作戰最有利。

（4）由江面對匪側擊，出敵不意，予匪重大打擊，實致勝主因。

附表一

海軍第一軍區司令部

第一巡防艇隊

差 差 砲 防 防 防 防 防 防 防
84 46 一 八 七 六 五 四 三 二 一
艇 艇 艇 艇 艇 艇 艇 艇 艇 艇 艇

防艇裝備及性能簡介

一、防艇係英國贈與我國者（原名為 Harbour Defence Motor
　　Launch, HDML），船殼木造，專供港口、近海巡邏警戒、
　　防空及攻潛等使用。

二、艇長七二呎，五十噸，時速十四浬。

三、艇上裝備有英造兩磅砲一座，二十糎砲一挺，雙連裝 .30 機
　　槍兩座。

四、一二四匹馬力主機兩部，平均每時耗輕柴油一○－十二介
　　侖，蓄油量為一、六○○介侖，蓄淡水五○○介侖，可以續
　　航六天，約一、五○○浬。

五、艇上有話報兩用機一部，於三十八年在舟山群島作戰時，因
　　任務需要裝兩部話報機。

六、艇上有官兵十二員（官二、兵十）。

七、是項艇隻，攻擊力強機動性大，加以較大之續航力，適於近
　　海作戰之使用，在戡亂期間是艇等供獻很大。

## ● 李連墀

**作戰時級職：海軍第一巡防艇隊中校艇隊長**

**撰寫時級職：海軍總司令部作戰計劃委員會少將**
**　　　　　　　副主任委員**

作戰地區：江蘇省啟東縣太安港

作戰起迄日期：37 年 7 月 12 日

### 前言

　　奉派赴英接收贈我國防艇八艘，於三十六年元月至六月先後陸續到達上海，成立為海岸巡防艇隊。嗣於三十七年二月奉命併編海軍第九砲艇隊，改編為第一巡防艇隊。至三十八年五月底，由上海轉進舟山，改編為第一機動艇隊，是艇隊始終以八艘防艇為主力，駐防九江以下之長江流域及舟山群島之海域。爰以是項艇隻性能較優，火力與通信等均強，適宜內河與近海作戰，余奉命任是艇隊長約三年有半（三十五年十二月至卅九年四月），參加勘亂作戰，不下百餘次，但均係零星戰鬥，加以資料不全，佔國軍整個戡亂作戰之比例，實微不足道。今僅就記憶所及，稍有規模之作戰，分為江防作戰（泰興戰役、太安港戰役）、上海保衛戰及舟山防衛戰等謹報於後。

### 江防戰役－太安港戰役

一、概述－番號編裝指揮系統如同前言

　　1. 地點－江蘇省啟東縣太安港（位長江北水道之北岸邊）

　　2. 時間－卅七年七月十二日

3. 我軍兵力－防四艇（艇長梁業全）

　　　　防六艇（艇長馬連生）

　　　　砲一艇（艇長陳永奎）

　　友軍－交警總隊一中隊（中隊長徐賢明少校）

4. 匪軍兵力－匪啟東獨立團約二千餘人

二、作戰前之狀況

　　江北啟東、鹽城各縣區為綏靖區，均係地方團隊駐防，交警總隊曾於戰事發生之前一日，由青龍港運來啟東較多彈藥與一部經費，本作戰之發生，可能匪獲是項情報。

三、我軍作戰指導

1. 防四、防六及砲一等三艇，遵照既定編組，由防六艇長馬連生少尉統一指揮，防一及防三增援時由防一艇長統一指揮。

2. 砲一艇限於吃水與砲火射程關係，主負長江北水道出口江西之警戒任務，掃除任何可疑船隻。

3. 必要時應友軍要求，需四艇同時支援作戰時，由防一艇長沈慎修少尉統一指揮，務忌浪費彈藥為要（註：主砲係英製兩磅砲，彈藥來源困難所致）。

四、作戰經過

　　匪於是日黎明集中主力圍攻友軍城堡，戰鬥異常激烈，最緊急時，匪曾用竹梯攀登城堡之上，互相搏鬥，守軍賴大量手榴彈打擊匪人，同時我防四、防六兩艇齊火射擊，予匪最大損失，於是對匪成為水陸夾擊之勢，陸續戰鬥至日落，匪全軍潰退而停止

本作戰。

五、戰鬥後狀況

戰果：匪啟東獨立團死亡過半，以後再無力進攻，奠定一年
多之安全。交警一中隊死亡七十六人，傷數十人。
我艇無損傷。戰後交警中隊曾撤離城堡以免匪再攻之
損失，三天後復防。

六、檢討

1. 我艇平日駐防是區，與陸上友軍聯絡較熟，對太安港陣地
環境有所認識，為本作戰最有利之點。

2. 因友軍無無線電，互相通信不便，友軍又未派聯絡人員來
艇，僅賴簡易目視信號，作聯繫工具。

3. 匪軍常識不足，致陷被水路夾擊之苦境而致慘敗。

4. 友軍堅守苦戰之精神，大可欽佩。

5. 匪軍趁夜撤退，將受傷人員救走，並利用水溝運走陣亡人
員，清掃戰場，使友軍蒐集匪情資料困難，以致對匪傷亡
情形，均不詳確。

6. 我參加作戰艇隻，均甚英勇，射擊準確，達成支援友軍之
要求。

（八）舟山群島

## ● 阮成章
### 作戰時級職：海軍總司令部情報處處長
### 撰寫時級職：憲兵司令部政治部少將主任

作戰地區：舟山

作戰起迄日期：37 年 2 月至 3 月

### 剿匪及戡亂作戰詳歷及心得報告－舟山戰役

　　民卅七年，余任職海軍總部情報處長，當時舟山王匪榮軒、徐匪小玉極為猖獗，海軍總司令桂永清將軍親率艦艇及陸戰隊進剿，卒將股匪弭平，茲誌其作戰經過及心得如次。

壹、作戰經過

　　三十七年二月，舟山王匪榮軒、徐匪小玉為患，民不聊生，尤對海上商旅危害更重，海軍總司令桂永清將軍決心進剿，乃親率永興、信陽、中基、中海、咸寧、美益、聯光、海鷹、義寧、江泰等艦十艘，及砲艇十餘艘，海軍陸戰隊一個大隊，海軍警衛營一個連，第二〇二師一個營，先以艦艇形成水上包圍態勢，實施海上嚴密封鎖，然後以陸戰部隊登陸，擊碎其主力，並配合地方機構，運用保甲組織，實行面式清剿。未及一月，整個舟山股匪，全部肅清，斃匪廿餘，俘匪首王榮軒等一百五十七名，擄獲輕機槍五挺、步槍一百卅五隻。

貳、心得

一、剿匪必須主動，切忌與匪「推磨」，蓋匪大都地形熟悉，且
　　與當地民眾結有組織，如不澈底陷匪於被動，則往往為其所

乘也。

二、能一次殲滅其主力更好，否則亦須將其主力擊碎，然後再逐
　　次殲滅之。

三、清剿散匪不能單靠軍事力量，必須善用地方組織，清一塊、
　　剿一塊，剿一塊、清一塊，面式清剿，方克有濟。

四、剿匪必須「軍事戰」、「政治戰」雙管齊下，匪所憑藉者為
　　其與社會結成之一「總體」，對匪作戰必須先用政治戰使此
　　一「總體」解體，亦即在政治上採取作法，把敵所倚託的社
　　會爭取過來，如此車水捉魚，則問題簡單得多。

　　總之，對匪所戰，必須認識敵人是一政治兼暴力的組織，因
此我們的戰法必須避免「機械」，必須活用軍事以外的所有方
法，如此才能獲致真正的勝利。

● **陳振夫**
**作戰時級職：海軍聯光軍艦上尉艦長**
**撰寫時級職：海軍海灘總隊上校總隊長**

作戰地區：浙江定海六橫島
作戰起迄日期：37年8月21日至22日

## 六橫島戰鬥

一、作戰起因

奸匪徐小玉、王榮軒股，以「浙東人民解放軍東海游擊總隊」名義，流竄舟山群島，陰圖發展，待機策應匪軍。三十七年八月二十日，我衢州綏靖主任湯恩伯將軍，於上海前來定海巡視，當晚獲悉王榮軒匪部正在六橫島肆擾，遂決心予以清剿。即晚部署。二十一日清晨，親率陸海部隊登陸六橫島圍剿，本作戰歷時計兩日，於二十二日結束。

二、作戰前一般態勢

（一）匪軍狀況

匪「華東指揮部」所屬之「浙東人民解放軍東海游擊總隊」，潛伏舟山群島，作海盜式之流竄活動，肆擾各島，徵糧繳械，逐漸擴展，其勢力已達定海郊區，該部匪眾，乃係糾合當地匪盜奸宄之徒，缺乏正式訓練，戰力有限，其武器亦僅有機步槍等，故僅能利用海島地利，伺機流竄，或據險抗拒。匪首徐小玉，係浙省海警叛兵，王榮軒，曾在定海海軍警衛部隊服務，匪徒流竄舟山，「地利、人和」，均佔有利，而情報尤為靈通，故常能避實就虛，橫行各島。

（二）我軍狀況

1. 定海縣城，由縣自衛隊、警察隊及陸軍一個步兵連防守，
　　沈家門駐有浙省海警中隊，各島有警察所及鹽務稅警隊。

2. 海軍定海巡防處設定海城，下轄義寧、象山兩砲艇及小砲
　　艇共四艘，海軍聯光軍艦係湯主任座艦，於當作戰前一日
　　駛抵定海。

3. 綜合當時部署，我軍指揮系統概如下：

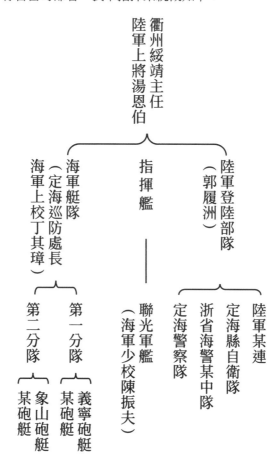

三、我軍作戰指導

（一）匪情概判

　　匪王榮軒股約 200 餘人，於八月十九日上午二時，乘大帆船十餘艘登陸六橫島，先襲擊六橫警察分所，繳槍俘警，即展開徵糧收稅，逼繳民槍，綁架士紳，迄二十日下午，尚盤據島上，判如我軍前往征剿，匪徒自持情報靈通，當有充分時間他遁。

（二）我軍作戰指導概要

　　我陸海軍以極高度之機密行動，分別自定海港及沈家門，乘夜到達六橫島。陸軍部隊，於拂曉實施奇襲登陸六橫島東、北兩部，對島上據匪展開清剿，海軍艦艇，分別於六橫島東、南、西三面巡弋，圍剿匪眾，預期將登陸島上之匪軍悉數圍殲。

四、作戰經過

（一）8/21 0100 陸軍登陸部隊分別自定海及沈家門裝載完畢，分乘新永安商輪及海警機艇於 0400 抵達六橫島海面，海軍艦艇亦同時到達。

（二）登陸部隊分批換乘舢舨，向六橫島東海岸及北海岸兩處灘頭登陸，於 0900 全部登陸完成。

（三）我軍展開圍剿，逐步推進，佔領島上最高峰礁潭山，匪眾在上莊一帶據險頑抗，陸上戰鬥猛烈，我艦砲亦支援射擊，匪軍傷亡數十，向下莊潰退，一部竄向海岸奪舟圖遁，經我艇砲擊，舟沉匪斃，一部竄戲文山一帶，遭我艦砲側射，頗多死傷，我軍會同島上民眾嚴密搜索，緝獲頗眾。

（四）入晚天雨，視界不良，匪化整為零，分頭逃竄，一部自六
　　　橫島西海岸及南海岸各舀駕小舟脫逃，我巡弋西南海岸
　　　各砲艇，除緝獲數船外，於因視界不佳，警戒線過長，
　　　致彼漏網，一部匿入山地隱藏，避我追緝。

（五）8/22 我軍繼續搜索島上殘匪，迄 2100，湯主任先乘艦返
　　　定海，留一部兵力在島清理善後事宜，本作戰至此乃告
　　　終止。

五、

（一）敵我傷亡損失統計

　　1.匪軍

　　　俘匪十五名，被我軍擊斃者六十餘名，負傷者人數不詳。

　　2.我軍

　　　我登陸部隊負傷五員。

（二）作戰後影響

　　　經本次戰鬥後，王榮軒股匪已被擊潰，逃匪回竄東福山老
　　　巢整補，舟山群島匪勢稍戢，由於匪俘審詢所得資料，獲
　　　悉匪徐小玉、王榮軒、江之銘等，以孤懸東海外之東福山
　　　為根據地，向舟山各島進行竄擾，桂總司令為澈底清剿
　　　該股奸匪計，遂有定海剿匪之次一戰役。

六、檢討

（一）匪軍

　　1.優點

　　（1）熟悉海上生活，機動流竄，出沒無常，發揮游擊戰
　　　　　效果。

（2）情報靈敏，能避實就虛，收獲戰果。

（3）生活艱苦，故有冒險犯難精神。

2. 缺點

（1）匪軍尚在發展階段，故形似海盜，缺乏訓練，戰力不高。

（2）過分信賴情報，判斷定海區駐軍兵力有限，且乏統一指揮，故不致對其實施圍剿，因是登陸六橫島後，警戒疏忽，海岸亦未佈設哨兵。

（二）我軍

1. 優點

（1）本次作戰，決心下達迅速，行動出奇，致匪軍無法獲取情報，發揮奇襲效果。

（2）湯主任親任指揮，能收統一協調效果，士氣亦提高。

（3）軍民合作良好。

2. 缺點

（1）部隊臨時抽調編組，指揮不便。

（2）無通信器材，陸上戰況均由傳令傳達艦上，有失時效。

（3）海岸線頗長，地形複雜，海軍砲艇無夜間作戰裝備，因是警戒不夠嚴密，一部匪船得以漏網。

## ● 白樹綿
## 作戰時級職：海軍信陽軍艦中校艦長
## 撰寫時級職：海軍指揮參謀學校上校教育長

作戰地區：舟山群島

作戰起迄日期：37 年秋

### 剿匪戡亂作戰心得報告
### 舟山剿匪之役

（一）作戰經過

　　民卅七年秋，朱毛武裝叛亂日滋，小醜跳梁蔓延京滬，國都心腹重地漸難安枕，我海軍當局桂故總司令永清將軍洞燭危機，乃親座永興（後改名維源艦），率領信陽、中海等艦清掃舟山群島，前後或砲擊或登陸東福山、灘滸、王盤等島，原擬一舉擒獲匪酋徐小玉，惜後者是先聞風遠颺，僅王匪××在東福山成擒，繼正法於定海，一時舟山海上匪氛澄清，奠定日後使用舟山群島為前進基地之基礎。時余長信陽艦，成軍初始裝備未週，但以艦速甚高，奉命擔任封鎖杭州灣之任務，繼而輸送及掩護陸戰隊登陸灘滸，全役經過共十餘日。

（二）經驗教訓

1. 徐小玉、王××原為舟山、乍浦一帶運鹽之私梟，平日為非作歹漁肉鄉民，雖為官民所不齒，然從未剪草除根，採取斷然之措施，及朱毛叛亂，以其氣味相投，乃狼狽勾結，伺機蠢動，是故欲求國家社會之安寧，對於流氓地痞無賴私梟極須斷然早予處置，以免養虎貽患。

2. 當時軍政脫節，政既賴軍力之維護，而軍隊到處又鮮能受政治上之支援者，情報缺乏，為其例中之尤者。當時僻地塞邑由於私梟惡勢力之壟罩，頗多匪即民、民即匪之現象，國軍到處，匪即化整為零，以百姓之姿態出現，致剿匪頗少所得，迨一經撤離，匪又故態復萌，糾眾作亂矣。

3. 當時之剿匪行動，收果雖不為豐，然舟山一帶暫告平靖，對以後剿匪之軍事行動，政府之轉進台灣，以及日後用舟山為確保台澎之前進基地，均有間接之貢獻也。

民國史料 91
# 海軍戡亂回憶錄（一）
## 抗戰勝利後至 1948 年
Memoirs of Navy during Suppression of
the Communist Rebellion
Section I: From V-J Day to 1948

編　　者　民國歷史文化學社編輯部
總 編 輯　陳新林、呂芳上
執行編輯　林弘毅
排　　版　溫心忻
助理編輯　詹鈞誌

出　　版　開源書局出版有限公司

　　　　　香港金鐘夏慤道 18 號海富中心
　　　　　1 座 26 樓 06 室
　　　　　TEL：+852-35860995

　　　　　民國歷史文化學社 有限公司

　　　　　10646 台北市大安區羅斯福路三段
　　　　　　　　37 號 7 樓之 1
　　　　　TEL：+886-2-2369-6912
　　　　　FAX：+886-2-2369-6990

初版一刷　2024 年 7 月 31 日
定　　價　新台幣 420 元
　　　　　港　幣 115 元
　　　　　美　元　16 元
I S B N　978-626-7370-99-5
印　　刷　長達印刷有限公司
　　　　　台北市西園路二段 50 巷 4 弄 21 號
　　　　　TEL：+886-2-2304-0488

http://www.rchcs.com.tw

國家圖書館出版品預行編目 (CIP) 資料
海軍戡亂回憶錄．一，抗戰勝利後至 1948 年
= Memoirs of navy during suppression of the
communist rebellion section I : from V-J Day to
1948 / 民國歷史文化學社編輯部編 . -- 初版 . --
臺北市 : 民國歷史文化學社有限公司, 2024.07

　　面；　公分 . -- ( 民國史料 ; 91)

ISBN 978-626-7370-99-5 ( 平裝 )

1.CST: 國共內戰　2.CST: 海軍　3.CST: 戰役

628.62　　　　　　　　　　　　113010635